FAUSTO ZAMBONI

A OPÇÃO PELO HOMESCHOOLING

GUIA FÁCIL PARA ENTENDER POR QUE A EDUCAÇÃO DOMICILIAR SE TORNOU UMA NECESSIDADE URGENTE EM NOSSA ÉPOCA

KÍRION

FAUSTO ZAMBONI

A OPÇÃO PELO HOMESCHOOLING

GUIA FÁCIL PARA ENTENDER POR QUE A EDUCAÇÃO DOMICILIAR SE TORNOU UMA NECESSIDADE URGENTE EM NOSSA ÉPOCA

KÍRION

A opção pelo homeschooling: guia fácil para entender
por que a educação domiciliar se tornou uma necessidade urgente em nossa época
Fausto Zamboni
1ª edição — julho de 2020 — CEDET

Reservados todos os direitos desta obra.
Proibida toda e qualquer reprodução desta edição por qualquer meio ou forma, seja ela eletrônica ou mecânica, fotocópia, gravação ou qualquer outro meio de reprodução, sem permissão expressa do editor.

Sob responsabilidade da editora,
não foi adotado o Novo Acordo Ortográfico de 1990.

Editor:
Felipe Denardi

Revisão:
Fernando Tossunian

Preparação de texto:
Beatriz Mancilha

Capa:
Vicente Pessôa

Diagramação:
Maurício Amaral

Revisão de provas:
Juliana Coralli
Tomaz Lemos Amaral

Os direitos desta edição pertencem ao
CEDET — Centro de Desenvolvimento Profissional e Tecnológico
Rua Armando Strazzacappa, 490
CEP: 13087-605 — Campinas–SP
Telefones: (19) 3249-0580 / 3327-2257
e-mail: livros@cedet.com.br

Conselho editorial:
Adelice Godoy
César Kyn d'Ávila
Silvio Grimaldo de Camargo

Sumário

	Introdução	7
I	Panorama da situação escolar no Brasil	11
II	Análise das circunstâncias distantes	19
III	A implementação da hegemonia marxista na educação	23
IV	Expansão e unificação dos sistemas educacionais	27
V	O moderno movimento do homeschooling	37
VI	Razões para adotar o homeschooling	41
VII	Mitos mais comuns acerca do homeschooling	51
VIII	Homeschooling e educação superior: o desempenho em colleges	59
IX	A decisão de adotar o homeschooling	63
X	Abordagens educativas	77
	Conclusão	85

Introdução

A educação dos filhos, nos últimos anos, tem preocupado muitos pais que, percebendo a insuficiência e até o perigo da educação escolar, vêm procurando remediar esses males de diversas maneiras — seja atuando junto às escolas e se envolvendo na discussão das leis e medidas tomadas pelo poder público, seja buscando uma alternativa na educação domiciliar. Não raro, são os mesmos pais que se preocupam com a educação de um modo mais amplo, e que adentram nas discussões na arena pública, os que optam pelo *homeschooling*, ou "educação domiciliar".

Quando optam pela educação domiciliar, os pais cuidam, para além das necessidades materiais e da educação dos filhos, também daquela parte que normalmente é fornecida pela escola: assumem, assim, integralmente a responsabilidade pela educação dos filhos, deixando de delegar a terceiros a instrução acadêmica.[1]

Vale a pena adotar a educação domiciliar? Qual o seu significado no quadro mais amplo da educação da nossa época? Quando con-

---

[1] A educação domiciliar não pretende, como alguns críticos afirmam, prover uma formação profissional ou universitária. Isso não é feito em nenhum lugar no mundo, mas ainda assim alguns críticos inventam essa suposição *ad absurdum* para tentar deslegitimar a educação domiciliar.

sideramos o fenômeno da educação, é oportuno colocar as questões mais fundamentais e abrangentes.

Qual o melhor tipo de educação que podemos oferecer a nossos filhos? Tanto mais adequada será a educação quanto mais consoante for às finalidades da vida humana. Aristóteles[2] diz que uma conduta só pode ser considerada ética quando fundada numa concepção correta do ser humano, e quando direcionada à sua plena realização, que é a felicidade. Apesar de todos buscarem a felicidade, a maioria erra o alvo e a busca não nas finalidades últimas, mas nos meios, ou finalidades intermediárias.

O homem é como um microcosmo, ou um resumo da Criação. Participa, como os seres inanimados, do Ser; possui a vida como os seres mais elementares, que têm uma existência puramente vegetativa; é dotado de sensibilidade e movimento, como os animais, e tem a capacidade racional, que vai além do espaço e do tempo imediatos, podendo atingir o que é universal. No seu nível mais elevado, isto é, na inteligência, pode tornar-se semelhante a Deus, que tudo contém e tudo contempla. É só aí que reside a semelhança divina do homem. De toda a Criação, só o homem é este compêndio de todos os seres, capaz de contemplar algo da verdade divina, mas num corpo mortal, sujeito às paixões e à degeneração.

Sendo o traço distintivo do ser humano a contemplação da verdade, é aí que reside a plena realização humana. Podemos dizer que uma educação adequada é aquela que propicia o máximo desenvolvimento possível da inteligência, a qual poderá ordenar as ações humanas da maneira mais apropriada em cada situação concreta.

A educação que tem como meta o desenvolvimento de dimensões mais baixas é necessariamente uma educação sub-humana, como a que visa reproduzir um tipo social concebido de antemão — um cidadão-modelo com determinadas posturas e concepções sobre a realidade — ou um trabalhador bem-sucedido. Esse é um tipo de educação pouco efetivo para atender as finalidades mesmas a que se propõe, uma vez que a sociedade pode mudar completamente, e as profissões podem surgir e desaparecer em questão de poucos anos.

---

2   Aristóteles, *Ética a Nicômaco*. São Paulo: Nova Cultural, 1991.

INTRODUÇÃO

A verdadeira educação desenvolve um senso da realidade e uma percepção do sentido da vida. Trata-se de uma via de mão dupla, em que o desenvolvimento da inteligência ordena as nossas ações, produzindo a virtude, e em que o crescimento e a consolidação da virtude potencializam e clareiam a visão da inteligência.

Como bem observa Gilbert Highet,[3] a educação não é uma ciência, mas uma arte, uma técnica com a qual, usando os meios que temos à disposição, contribuímos para a busca da felicidade. Sendo uma arte, não existem fórmulas prontas e métodos infalíveis: a educação não é apenas uma arte de resultados imprevisíveis, mas seus próprios meios podem e devem variar de acordo com as circunstâncias e com as pessoas.

É possível criar grandes aparatos materiais, métodos e até sistemas de ensino para auxiliar na tarefa educativa, mas esses mesmos meios podem se tornar inócuos e até prejudiciais, como ocorre hoje em dia. O que se vê, ao longo da história, é que a educação pode ocorrer em qualquer lugar onde haja alguém ensinando e outro aprendendo: pode ser nas ruas e casas de Atenas, como fazia Sócrates, ou numa praça pública, como fazia o filósofo Santo Alberto Magno. Pode ser, inclusive, numa escola.

A educação domiciliar, da mesma forma, pode ser um meio para a realização educativa, mas, como todo meio pode transformar-se em obstáculo, deve ser escolhido de acordo com as circunstâncias, pesando-se todas as variáveis de acordo com o melhor interesse da criança.

Vamos, inicialmente, considerar as circunstâncias da realidade escolar, para entender até que ponto a escola se apresenta como um meio adequado para propiciar a realização humana, tal como a indicamos acima. É possível conduzi-la nessa direção, na situação concreta em que vivemos, atualmente, no Brasil?

Em seguida, trataremos da educação domiciliar: o surgimento do movimento moderno pelo *homeschooling*, sua posição no quadro da educação atual, e alguns mitos sobre desempenho acadêmico e socialização. Por fim, vamos elencar alguns elementos importantes que devem ser considerados por quem queira adotar a educação domiciliar, seja quanto à dinâmica familiar, seja em relação ao projeto educativo a ser adotado.

3   Gilbert Highet, *A arte de ensinar*. Campinas: Kírion, 2018.

Pensamos em oferecer, com este livro, apenas os aspectos essenciais do problema, como uma introdução que possa ajudar a entender a importância crucial da educação domiciliar na nossa época — seja pela situação do sistema escolar, seja pela viabilidade e pelos bons resultados que o *homeschooling* apresenta, em desempenho acadêmico e socialização, como é atestado a partir de várias pesquisas científicas.

I | Panorama da situação escolar no Brasil

Como pode ser definida a realidade da educação pública no Brasil, e em que medida isso tem contribuído para a adesão ao *homeschooling*? Diversas pesquisas apontam para uma situação de calamidade pública, a começar por uma das mais elementares finalidades da educação escolar, que é transmitir a mera competência de ler e compreender um texto. Essa capacidade é chamada de "proficiência em leitura"; quem não tem proficiência em leitura, ainda que consiga entender as palavras, falha ao captar o que o texto quer dizer. Trata-se, nesse caso, de um "analfabeto funcional". O percentual de alunos que, no último ano do Ensino Médio — depois de 12 anos de freqüência à escola —, têm proficiência em leitura adequada é de apenas 1,6%, ou seja, de cada cem alunos, não encontramos dois que não sejam analfabetos funcionais. Quanto maior é o tempo de escolarização, pior é o resultado, segundo os dados do SAEB[1] 2017:

[1] INEP, "Saeb 2017 revela que apenas 1,6% dos estudantes brasileiros do Ensino Médio demonstraram níveis de aprendizagem considerados adequados em língua portuguesa". Disponível em: http://portal.inep.gov.br/artigo/-/asset_publisher/B4AQV9zFY7Bv/content/saeb-2017-revela-que-apenas-1-6-dos-estudantes-brasileiros-do-ensino-medio-demonstraram-niveis-de-aprendizagem-considerados-adequados-em-lingua-portug/21206. O gráfico está disponível em reportagem do G1: Vanessa Fajardo e Flavia Foreque, "7

CAPÍTULO I

Percentuais em nível de proficiência em português e matemática
Índices consideram universo total de escolas das redes pública e privada

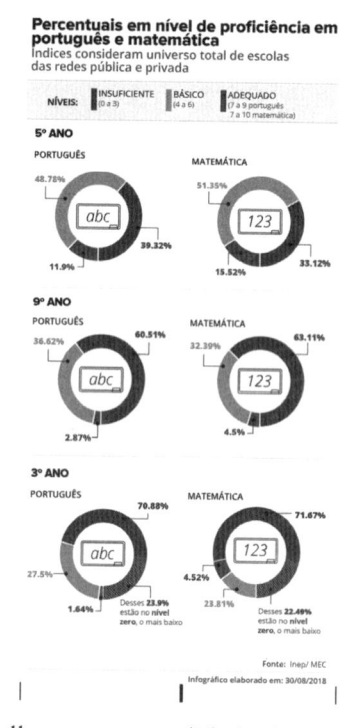

NÍVEIS: INSUFICIENTE (0 a 3) | BÁSICO (4 a 6) | ADEQUADO (7 a 9 português / 7 a 10 matemática)

5º ANO
PORTUGUÊS: 48.78% / 39.32% / 11.9%
MATEMÁTICA: 51.35% / 15.52% / 33.12%

9º ANO
PORTUGUÊS: 38.62% / 60.51% / 2.87%
MATEMÁTICA: 32.39% / 63.11% / 4.5%

3º ANO
PORTUGUÊS: 27.5% / 70.88% / 1.64% (Desses 23.9% estão no nível zero, o mais baixo)
MATEMÁTICA: 4.52% / 71.67% / 23.81% (Desses 22.49% estão no nível zero, o mais baixo)

Fonte: Inep/ MEC
Infográfico elaborado em: 30/08/2018

Dentre os alunos que cursam o 5º ano, apenas 11,9% têm proficiência em leitura. Mas, à medida que os anos passam e esses alunos estudam mais e mais na escola, o nível de proficiência cai, ao invés de subir, como seria de se esperar: no 9º ano, apenas 2,87% dos alunos têm esta capacidade e, no último ano do Ensino Médio, o índice cai para míseros 1,64%.

Diante dessa queda, não podemos deixar de perguntar: o que aconteceria se aumentássemos os anos de escolarização? Haveria ainda alguém capaz de ler? O que esperar do ensino universitário, nessa conjuntura? Não se trata apenas de um problema escolar, mas de algo que nos afeta em cada setor da sociedade. Um olhar para a realidade dos trabalhadores formados pela escola mostra que só 12%, segundo o Instituto Paulo Montenegro, têm proficiência em leitura, e dos trabalhadores com diploma universitário 50% são analfabetos funcionais. *Mesmo entre os profissionais da educação, os proficientes não passam de 16%.*[2]

Seria esse um dos motivos da queda do QI do brasileiro no último século, em contraste com o que ocorre nos demais países, ricos ou pobres? Os gráficos abaixo[3] permitem visualizar melhor a catástrofe:

---

de cada 10 alunos do ensino médio têm nível insuficiente em português e matemática, diz MEC". Disponível em: https://g1.globo.com/educacao/noticia/2018/08/30/7-de-cada-10-alunos-do-ensino-medio-tem-nivel-insuficiente-em-portugues-e-matematica-diz-MEC.ghtml.

2 Um resumo da pesquisa está disponível em Raphael Martins, "Só 8% dos brasileiros dominam de fato português e matemática". Disponível em: https://exame.abril.com.br/brasil/so-8-dos-brasileiros-dominam-de-fato-portugues-e-matematica/.

3 Jakob Pietschnig e Martin Voracek, 2015. Disponível em: https://ourworldindata.org/intelligence. Acesso em 10 de agosto de 2019. O gráfico é gerado pelo *site*, de acordo com os países selecionados para fazer o comparativo. Selecio-

PANORAMA DA SITUAÇÃO ESCOLAR NO BRASIL

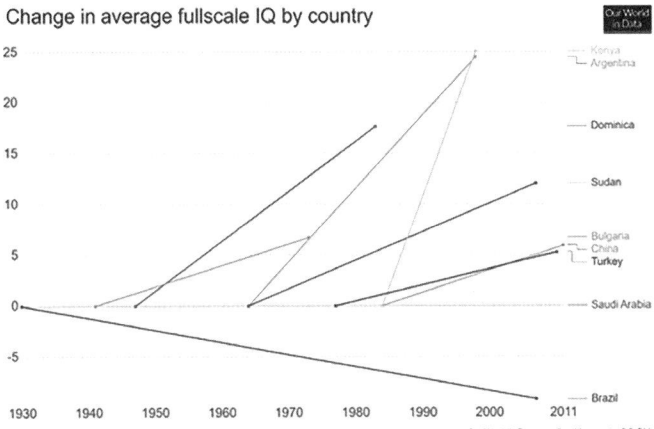

Change in average fullscale IQ by country

Source: Pietschnig and Voracek (2015)
OurWorldInData.org/intelligence/ • CC BY
Note: The atypical pattern for Brazil may be related to the three relevant studies used, which have comparatively recent time points of second data collection. Some increases in between may thus have not been captured, with the recent decline in strength of gains potentially masking this pattern. For further detail, see 'sources' and Supplement 1 from Pietschnig and Voracek (2015).

Change in average fullscale IQ by country

Source: Pietschnig and Voracek (2015)
OurWorldInData.org/intelligence/ • CC BY
Note: The atypical pattern for Brazil may be related to the three relevant studies used, which have comparatively recent time points of second data collection. Some increases in between may thus have not been captured, with the recent decline in strength of gains potentially masking this pattern. For further detail, see 'sources' and Supplement 1 from Pietschnig and Voracek (2015).

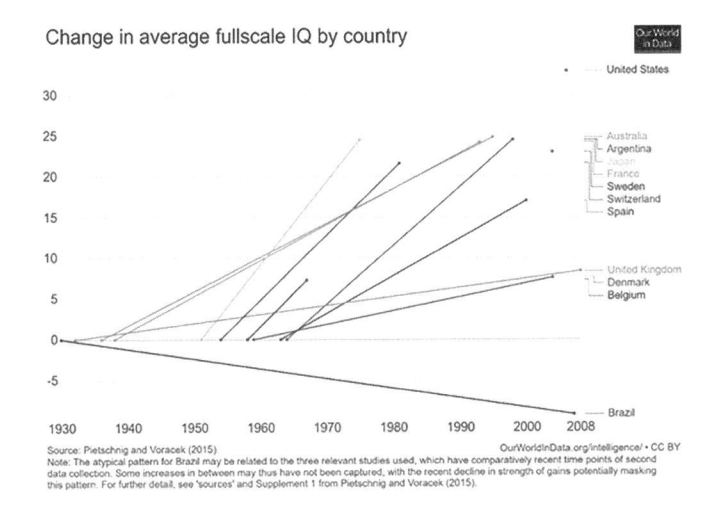

Esperamos, com toda sinceridade, que tais dados sejam o resultado de algum erro científico a ser corrigido nos próximos anos. Qualquer que seja o caso, pelo que se observa no panorama da educação brasileira, há pouca esperança de acontecer alguma melhora nesse quadro via ensino escolar.

namos, para efeito de comparação, um gráfico para comparação com países ricos, com sistema educacional consolidado, e outro com países mais pobres.

CAPÍTULO I

Não parece ser apenas por falta de investimento em educação que essa realidade subsiste. Entre 2000 e 2008, houve um aumento de 121% nos gastos por aluno, colocando o Brasil entre os países que mais investem em educação, em proporção ao PIB (Produto Interno Bruto), em todo o mundo.[4] Na educação primária e secundária, o Brasil está entre os sete países que mais investem em relação ao seu PIB, e quando se fala em gastos públicos, o Brasil ocupa a quarta posição mundial.[5]

Se o Brasil se destaca por ser um dos países que mais investem em educação — seja no orçamento público, seja no investimento total, em relação ao Produto Interno Bruto — tal investimento se mostra como um dos mais mal executados, uma vez que o Brasil se destaca também por ocupar repetidamente as piores posições nos testes internacionais, chegando mesmo a descer significativamente na escala enquanto o investimento subia. O gráfico abaixo[6] permite visualizar melhor a relação entre investimento e desempenho acadêmico:

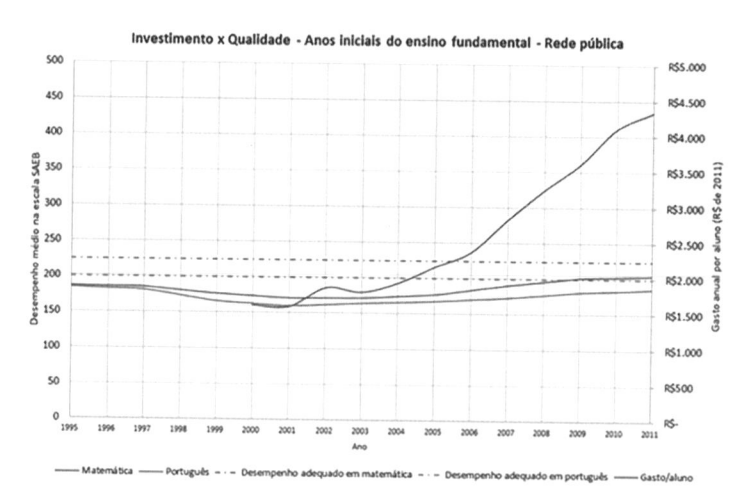

Investimento x Qualidade - Anos iniciais do ensino fundamental - Rede pública

---

4 Disponível em: http://www.brasil.gov.br/noticias/educacao-e-ciencia/2011/09/gastos-por-aluno-no-brasil-aumentaram-121-em-oito-anos-diz-ocde.
5 OCDE, *Education at a Glance 2018: OECD Indicators*. Paris: OECD Publishing, 2018. Disponível em: https://www.oecd-ilibrary.org/docserver/eag-2018-en.pdf?expires=1555528042&id=id&accname=guest&checksum=713BD9184E1DD81718A9E2334905BCCA.
6 De acordo com o SAEB, disponível em: https://dadosreais.files.wordpress.com/2014/08/01-ensino-fundamental-anos-iniciais1.png.

Mais até do que o desempenho acadêmico, contudo, é a "socialização" o principal eixo em torno do qual se desenrola a polêmica sobre o *homeschooling*. O argumento mais recorrente contra a educação domiciliar é que só a escola pode proporcionar uma socialização adequada às crianças; por outro lado, muitos pais desejam tirar os filhos da escola justamente por conta dos malefícios do ambiente escolar.

Quem conhece de perto a realidade da escola pública sabe que a situação, na grande maioria dos casos, é no mínimo macabra. As pesquisas não desmentem essa impressão; antes, mostram um quadro negro em que se destaca a presença da violência escolar. O Brasil é o campeão mundial, segundo pesquisa da OCDE, na violência contra professores, dos quais 12,5% são vítimas semanalmente e 84% afirmam tê-la presenciado alguma vez ao longo da carreira.[7] Se assim é com os professores, como será com as crianças, que têm muito menos meios de se defender e são obrigadas a permanecer na escola?

Segundo pesquisa da Unesco,[8] um aluno não está mais seguro na sala de aula do que na rua. A violência escolar é abundante e se apresenta de várias maneiras: agressões, roubos, assaltos, estupros, depredações e discriminação racial. O crime organizado, especialmente o tráfico de drogas, é uma presença constante. Por vezes ocorrem tiroteios, e a pesquisa aponta que 70% dos alunos que possuem armas já as levaram para a escola.

A intolerância e a manipulação política dentro da escola, por sua vez, representa outro tipo de violência, a pedagógica. É perpetrada por professores militantes contra uma audiência cativa e sujeita à avaliação dos próprios agressores, e suscitou o surgimento de uma reação da sociedade civil através do Movimento Escola Sem Partido. Cenas de intimidação e cerceamento à liberdade de expressão foram documentadas em todos os níveis, desde o En-

---

7 Luiza Tenente e Vanessa Fajardo, "Brasil é #1 no *ranking* da violência contra professores: entenda os dados e o que se sabe sobre o tema", em *G1*. Disponível em: https://g1.globo.com/educacao/noticia/brasil-e-1-no-ranking-da-violencia-contra-professores-entenda-os-dados-e-o-que-se-sabe-sobre-o-tema.ghtml.

8 Miriam Abramovay e Maria das Graças Rua, *Violência nas escolas*. Brasília: Unesco, 2002. Disponível em: https://unesdoc.unesco.org/ark:/48223/pf0000125791.

CAPÍTULO I

sino Fundamental até a universidade, contra quem apresentasse um posicionamento político-ideológico contrário ao marxismo.[9]

Mas há outro tipo de violência ainda mais profunda, contra a própria identidade dos alunos, praticada por ativistas dentro da instituição escolar. Este é o dos militantes da "ideologia de gênero", que conseguiram espaço, em quase todos os materiais didáticos e currículos presentes nas escolas, para promover uma transformação comportamental desde a mais tenra idade. O objetivo é dissolver completamente a distinção entre homem e mulher, seja na prática sexual, seja nos papéis sociais geralmente atribuídos a eles. As mulheres, por exemplo, não deveriam mais ser associadas à maternidade ou a qualquer conduta geralmente tida como feminina. Todos os alunos, sem distinção, deveriam abrir-se à possibilidade de adotar as condutas sexuais e os papéis sociais de ambos os sexos, através de "atividades pedagógicas" e técnicas de dinâmica de grupo. Esta prática ocorre geralmente sem a permissão dos pais e, pior, com o objetivo declarado de impedir a transmissão dos valores familiares — tidos como inaceitáveis — dos pais aos filhos.[10]

O processo de erotização das crianças não ocorre apenas na escola. Está presente nos programas de televisão e nos aplicativos com acesso à *internet*, e as escolas, nos próximos anos, tendem cada vez mais a ser uma engrenagem importante dele. De início, as crianças são estimuladas a reconhecer e tocar o próprio corpo,

9   Ver, por exemplo, este vídeo de uma escola de Belo Horizonte: https://www.youtube.com/watch?v=y_AbzQoYC9g.
    E esta tentativa violenta de barrar a exibição de um filme numa universidade: https://duckduckgo.com/?q=jardim+das+afli%C3%A7%C3%B5es+universidade+briga&atb=v143-1&iax=videos&ia=videos&iai=12oaouK1H-M.
10 Não se trata de uma questão marginal, mas de um problema de dimensões civilizacionais. Pitirim Sorokin (*The American sex Revolution*), Joseph Daniel Unwin (*Sex and culture*) e Carl Wilson (*Our dance has turned to death*) apontam que há uma relação entre o afrouxamento da moral sexual e a queda das grandes civilizações. Sociedades que abandonam uma moral sexual mais restrita tendem a entrar em decadência. A geração da vida é considerada inferior à satisfação dos prazeres, aumentam os divórcios e a competição entre homem e mulher, e as crianças crescem confusas, com aumento do número de homossexuais. A sociedade fragmenta-se, o número de nascimentos diminui e a população envelhece, tornando-se indefesa diante de inimigos externos.

e o dos demais colegas, e a participar de atividades com brinquedos normalmente preferidos pelo sexo oposto. Mas já são registrados casos de ensino de masturbação para crianças a partir de quatro anos.[11] Este "ideal pedagógico" já está passando da teoria à prática, ao mesmo tempo, em várias escolas ao redor do mundo. É um movimento global e unificado — promovido por entidades como a Organização Mundial da Saúde[12] — que será implementado aos poucos, de acordo com o grau de resistência de cada realidade escolar. Uma vez que a prática de exploração do próprio corpo começa a ser normalizada, a criança está à mercê da exploração dos mais fortes, sejam eles colegas mais velhos[13] ou adultos, e dificilmente poderá reconhecer que é vítima de um abuso.

Quem conhece a realidade escolar sabe — e as pesquisas demonstram isso claramente — que a "escola pública de qualidade" infelizmente é um sonho distante. As estimativas indicam que o Brasil deve demorar 260 anos para atingir o patamar acadêmico dos países mais bem avaliados nos testes internacionais.[14] As crianças não podem esperar tanto, e sobretudo não precisam ser obrigatoriamente expostas, nos anos mais delicados da sua formação, a esta realidade hostil que inclui violência, tráfico de drogas, intolerância política e a destruição dos valores familiares.

11 Ver, a propósito, Jules Gomes, "UK schools to teach 4-year-olds how to masturbate", em *Church Militant*. Disponível em: https://www.churchmilitant.com/news/article/uk-schools-to-teach-4-year-olds-how-to-masturbate.
12 Ver, a propósito, as diretrizes para a educação sexual na Europa (*Standards for Sexuality Education in Europe*), disponível em https://www.bzga-whocc.de/fileadmin/user_upload/WHO_BZgA_Standards_English.pdf.
13 Já se percebe uma escala no abuso sexual de crianças por outras crianças mais velhas. As maiores vítimas são as meninas entre os quatro e os oito anos. Ver, a propósito, Jonathon Van Maren, "Thanks to porn, children are sexually assaulting other children at alarming rates", em *Life Site*. Disponível em: https://www.lifesitenews.com/blogs/thanks-to-porn-children-are-sexually-assaulting-other-children-at-alarming.
14 Ver, a propósito, "Alunos brasileiros vão demorar 260 anos para atingir índice de leitura dos países ricos, diz Banco Mundial", em *G1*. Disponível em: https://g1.globo.com/educacao/noticia/alunos-brasileiros-vao-demorar-260-anos-para-atingir-indice-de-leitura-dos-paises-rico-diz-banco-mundial.ghtml.

CAPÍTULO I

Uma escola assim constituída está, na verdade, contra as crianças e as famílias.

Nessa situação, a existência de uma alternativa como a educação domiciliar impõe-se como absolutamente necessária para salvaguardar a integridade física e moral das crianças, defender os valores familiares e possibilitar uma melhor realização acadêmica.

II | Análise das circunstâncias distantes

A situação da escola no Brasil, hoje, não seria apenas fruto do atraso do nosso sistema educacional e do descaso das autoridades que não priorizam a gestão da educação? Não seria possível reverter este quadro negro com políticas efetivas e sérias? Ou há problemas estruturais na base do sistema educativo?

O sistema público de ensino, tal como o conhecemos hoje, é uma invenção recente na história. Sempre houve escolas, professores e alunos, mas a obrigatoriedade escolar foi implantada, progressivamente, há uns dois séculos. Antes, escolas e professores não tinham público cativo, e não sobreviviam sem oferecer algo que valesse a pena ao seu público.

A implantação da obrigatoriedade alterou profundamente o sentido da atividade docente e a relação entre aluno e professor, que dificilmente subsistia sem um sentimento de admiração e um desejo de imitação do mestre, por parte do aluno. Essa condição naturalmente impulsionava o nível do ensino para cima e acabava por selecionar apenas os vocacionados para as atividades intelectuais. A implantação da educação compulsória, contudo, foi motivada, para além do desejo de erradicar a ignorância, por outras motivações menos nobres.

CAPÍTULO II

Uma das mais importantes é de caráter político: na época da Revolução Francesa, os revolucionários percebem que só mudando a mentalidade das novas gerações, na idade em que as crianças são facilmente influenciáveis, pode haver esperança de mudança da mentalidade popular, já que os adultos continuam apegados aos antigos valores políticos e religiosos. São expulsas e extintas as ordens religiosas que detêm a maioria das escolas, como os jesuítas; religiosos e religiosas que não aderem ao novo regime são executados em massa.

Na Prússia, são abolidas as escolas particulares e é instituído um exame nacional, com a certificação do Estado para todos os professores, sob o controle de um sistema burocrático. As escolas particulares, quando permitidas, têm que seguir os padrões estatais, e o diploma passa ser exigido para o exercício das profissões e para a entrada na universidade. O Estado, assim, pode ter o controle sobre a mentalidade das novas gerações.

O sistema prussiano, aos poucos e em meio a reviravoltas, é adotado pelas demais nações européias, tendo como uma de suas conseqüências a imposição de algumas línguas e a supressão de outras. Já no século xx, os regimes totalitários como o comunismo, o fascismo e o nazismo dão grande importância à escolarização obrigatória, como forma de consolidar o seu poder.

Nos Estados Unidos, ocorre uma verdadeira cruzada de educadores e intelectuais para implantar um sistema de ensino nos moldes prussianos. Para Horace Mann, os pais entregam "reféns" à "causa sagrada da educação".[1] O filósofo John Dewey, cuja influência se estendeu por todo o mundo, diz que o educador é "o profeta do Deus verdadeiro e o guia ao verdadeiro reino de Deus".[2]

Por conta da autonomia da legislação nos diversos estados, não há uma implantação uniforme da instrução obrigatória. Em Massachusetts, o primeiro estado a instaurá-la, os cidadãos resistem com as armas nas mãos; em Barnstable, a cidade é assediada pelo Exército, e as crianças, obrigadas a marchar escoltadas para a

---

1 Horace Mann, *Lectures and annual reports on education*. Cambridge, 1967, p. 210.
2 John Dewey, *Meu credo pedagógico*. Disponível em: http://playpen.meraka. csir.co.za/~acdc/education/Dr_Anvind_Gupa/Learners_Library_7_March_2007/Resources/books/readings/17.pdf.

ANÁLISE DAS CIRCUNSTÂNCIAS DISTANTES

escola. Em 1900, a instrução escolar já é obrigatória em quase todos os estados.

A implantação da escolarização obrigatória não serve apenas a objetivos políticos; a motivação econômica também exerce papel significativo. Com o advento da Revolução Industrial, coloca-se a necessidade de se preparar minimamente a mão-de-obra de analfabetos, provenientes do campo, para o trabalho nas cidades. O presidente americano Woodrow Wilson (que governou de 1913 a 1921) admite que apenas a elite, e não a massa dos trabalhadores, precisa receber a boa e velha educação liberal.[3] Ellwood Cubberley, decano da Universidade de Stanford, assim resume a questão: "Nossas escolas são fábricas onde o produto bruto (a criança) é plasmado e modelado".

Enquanto prossegue a implantação de um modelo educativo para favorecer o desenvolvimento econômico, os projetos políticos sofrem uma mutação considerável. O fortalecimento do poder político interno de cada Estado, ao qual a escola serve como sustentáculo, desemboca no violentíssimo conflito da Primeira Guerra Mundial. Um grupo de intelectuais e grandes capitalistas começa, então, a investir mais seriamente no projeto de um governo mundial para arbitrar as diferenças entre os países, evitando o surgimento de outra guerra mundial, que seria mais letal em virtude do grande desenvolvimento bélico.

Para tanto, seriam necessárias transformações drásticas: destruir a velha mentalidade e as "distorções da era pré-científica", combater o nacionalismo e realizar uma ampla reforma educacional, "a mais imperativa e fundamental parte da adaptação da vida às novas condições".[4] Seria imprescindível controlar a produção, o crescimento populacional e os fluxos migratórios, mas não bastaria um mero controle externo: impor-se-ia o controle da própria mentalidade de todos os povos ao redor do mundo. Apenas um moderno espírito religioso poderia controlar e dirigir a vida econômica, social e política, mas a religião teria de adaptar-se aos novos desafios do futuro e servir como instrumento de

---

3   Woodrow Wilson, "The meaning of liberal education", discurso proferido em 1909. Disponível em: http://en.wikisource.org/wiki/The_Meaning_of_a_Liberal_Education.

4   H. G. Wells, *A conspiração aberta: diagramas para uma revolução mundial*. Campinas: Vide Editorial, 2016.

CAPÍTULO II

manutenção da Nova Ordem Mundial.[5] Esboça-se, nesses termos, um ambicioso projeto de alteração e homogeneização de todo o tecido social, no mundo inteiro.

O filósofo Bertrand Russell, Prêmio Nobel e membro da Câmara dos Lordes da Inglaterra, pertence a esse grupo, sendo muito influente nos altos círculos na Europa e nos Estados Unidos. Russell defende, diante da iminente ameaça de uma guerra nuclear, a necessidade de se implantar uma ditadura científica para que o governo seja capaz de fazer qualquer um pensar qualquer coisa, se a necessidade exigir — como, por exemplo, que a neve é preta.[6]

Coincidência ou não, está em curso, desde o início da década de 1930, um programa abrangente para o controle do comportamento humano financiado pela Fundação Rockefeller. Na União Soviética, as descobertas de Pavlov começam a ser aplicadas e desenvolvidas em seres humanos. Os frutos desses — e de outros — esforços nessa direção já são visíveis nas publicações da Unesco a partir da década de 1960, em que é discutida a aplicação de técnicas de controle e modificação do comportamento na educação em escala internacional.[7]

Já estamos muito distantes, aqui, da educação como desenvolvimento da inteligência, e como conseqüência vemos uma queda constante do nível acadêmico, algo já percebido pelos primeiros reformadores,[8] e que foi constatado por várias pesquisas no fim do século XX e no início do XXI, depois de um extraordinário investimento na multiplicação de escolas e em pesquisas de técnicas e métodos educativos.[9] Enquanto em outras áreas, como os transportes, a informática e os equipamentos militares, é clara a correlação entre os investimentos e os resultados, na educação ocorre o contrário. Mas, na verdade, o investimento foi em engenharia social por meio da educação, e nesse sentido os resultados são exatamente os esperados.

5   Ibid. Grandes esforços foram feitos nesse sentido. As grandes transformações por que passaram as grandes religiões, no último século, não podem ser compreendidas sem levar em conta esse projeto de religião secular. Ver também Lee Penn, *Falsa aurora*. Campinas: Vide Editorial, 2020.
6   Bertrand Russell, *The Impact of Science on Society*, 1953, pp. 30–31.
7   Quem quiser aprofundar-se neste assunto deve ler a obra de Pascal Bernardin, *Maquiavel pedagogo*. Campinas: Vide Editorial, 2012.
8   Horace Mann, *A educação dos homens livres*. São Paulo: Ibrasa, 1963.
9   Donald Wood, *Post-Intellectualism and the Decline of Democracy*. Westport: ABC-CLIO, 1996.

III A implementação da hegemonia marxista na educação

Todos esses fatos explicam, de certa maneira, a *forma* que adquiriu a educação escolar nos últimos dois séculos, mas não *como* o pensamento de origem marxista penetrou e dominou o sistema escolar nas últimas décadas.

Os marxistas, depois da Primeira Guerra Mundial, começam a estudar os motivos que impedem o advento da revolução, como previsto por Marx. O número de empresários aumenta, ao invés de diminuir, e a condição dos operários — cada vez menos dispostos a fazer a revolução — melhora a cada dia. O diagnóstico de Karl Korsch,[1] segundo o qual os mecanismos ideológicos do capitalismo — como as regras familiares, usos e costumes culturais — alienam os trabalhadores e impedem a revolução, põe como necessidade incontornável destruir toda cultura que, com sua função ideológica, sustenta e perpetua as relações entre as classes.

Com esse programa é criada a Escola de Frankfurt, para "fazer uma crítica impiedosa de tudo quanto existe", mostrando que tudo, até as ciências e matemáticas, tem a função ideológica de sustentar o *status quo*.

1 Karl Korsch, *Marxismo e filosofia*. Milão: Pgreco Edizioni, 2012.

CAPÍTULO III

Mas a crítica será insuficiente se não for destruída, segundo Horkheimer,[2] a própria noção de autoridade, que provém, em última análise, da família, a instituição que cria e reproduz o respeito à autoridade. O mundo em que a criança cresce está todo dominado pela idéia de poder e hierarquia, de modo que até o universo é concebido sob este prisma. Não poderia haver uma sociedade sem classes sem a destruição da noção mesma de autoridade.

A família é tão opressiva, diz Horkheimer, que reprime até o instinto sexual entre os seus membros — como, por exemplo, entre a mãe e os filhos. Coerentemente com a mentalidade do próprio Marx, que via na família a primeira relação de exploração e a base de todas as demais, essa crítica expõe a instituição familiar como alvo preferencial a ser minado e destruído.

Os membros da Escola de Frankfurt são escolhidos ou rejeitados de acordo com a intensidade do ódio destruidor contra a nossa civilização.[3] A par deste "trabalho do negativo", Lukács[4] nota que não seria possível promover a revolução sem um esforço de elevação do nível de consciência dos operários enquanto classe, para além dos seus interesses materiais imediatos; para além, igualmente, da distinção entre economia e política, numa visão mais ampla da sociedade em que os temas culturais mais amplos se ligam aos interesses imediatos do operário.

É uma ação que deve ser realizada contra a própria vontade do trabalhador concreto que, por conta de sua consciência alienada, não entenda que a ação revolucionária é feita para o benefício da sua classe. Que sua autoridade e sua família sejam destruídas, que a educação dos seus filhos ocorra em meio ao caos, tudo isso é para o próprio benefício dos proletários — não individualmente, é claro, mas como classe, no futuro, cujo benefício será usufruído por outros. Vidas reais devem ser destruídas em nome do advento hipotético de uma sociedade "melhor".

As preocupações de Lukács já apontam para a necessidade de uma ação educativa para desencadear a revolução, a qual ocorre,

2   Max Horkheimer, "Autoridade e família", em *Teoria crítica*, t. I. São Paulo: Perspectiva, 1990.
3   Cf. Rolf Wiggershaus, *A Escola de Frankfurt*. Rio de Janeiro: Difel, 2002.
4   Georg Lukács, *História e consciência de classe*. São Paulo: Martins Fontes, 2003.

A IMPLEMENTAÇÃO DA HEGEMONIA MARXISTA NA EDUCAÇÃO

na prática, na Revolução Cultural Chinesa, por causa da percepção de que a classe letrada e o sistema educacional mantêm a China atrasada, e que a escola reproduz a divisão de classes. Com a divulgação dos crimes de Stalin, muitos intelectuais se voltam para o exemplo chinês. Um deles é Pierre Bourdieu, que explora a importância da educação escolar para desencadear a revolução. Bourdieu[5] ressalta que o desenvolvimento da ciência estabelece uma hierarquia social, e que a cultura significa relações de poder. Os intelectuais ocupam postos-chave na hierarquia da sociedade e a reproduzem; são especialistas na produção cultural e na criação de poder simbólico. Para além do capital econômico, existe também o "capital cultural", e mudar a forma como se educa altera a estrutura da sociedade. A sociologia deve estudar esse processo para direcioná-lo, tornando-se, assim, a ciência-chave da produção do conhecimento e da tomada do poder, regulando--se a si mesma e os demais conhecimentos.

Com as rebeliões estudantis de maio de 1968, percebe-se que a classe estudantil tem um potencial revolucionário maior que o operariado e que o fermento revolucionário pode ser tremendamente potencializado por meio da canalização dos instintos sexuais, que mostram um poder disruptivo e inflamatório extraordinários. Surgem, então, teorias do poder como a de Michel Foucault, que inspiram uma ação revolucionária por meio da subversão da moral sexual.

Desde então, a tomada do sistema educacional e a sua transformação tornam-se uma das prioridades dos marxistas. Ali, deve ocorrer a desconstrução do modelo familiar "autoritário" e a modificação do comportamento sexual como forma de alterar as relações de poder. A escola torna-se, dessa forma, um dos instrumentos mais preciosos da revolução, seja operando a transformação social, seja garantindo as conquistas da revolução.

Por essa mesma época, os sociólogos das grandes fundações, como a Fundação Ford e Fundação Rockefeller, chegam à conclusão de que esforços de controle populacional (necessários, como vimos anteriormente, para o gerenciamento de um governo mundial) seriam inócuos sem o investimento em programas de

---

5   Pierre Bourdieu, *A reprodução: elementos para uma teoria do sistema de ensino*. Lisboa: Editorial Vega, 1978.

CAPÍTULO III

alteração do modelo familiar, das relações entre os sexos e das expectativas que as mulheres fazem de si mesmas. Elas devem desapegar-se das expectativas habituais de formar uma família e ter filhos, buscar a realização profissional fora do lar e emancipar-se da tutela masculina. Tal programa converge com a revolução sexual pretendida pelos marxistas, e abre-se a oportunidade de uma grande revolução cultural, promovida ao mesmo tempo pela indústria do entretenimento (cinema, televisão, música popular etc.) e pelo sistema educacional cada vez mais controlado pelos marxistas.

IV | Expansão e unificação dos sistemas educacionais

Nas últimas décadas do século XX, uma nova conjuntura econômica começa a demandar um novo tipo de formação escolar. O desaparecimento e o surgimento de profissões, bem como as transformações dentro das profissões que permanecem, colocam a necessidade de haver um trabalhador com boa formação de base, capaz de ler e compreender bem as informações e de adaptar-se às novas demandas e necessidades do mercado de trabalho. A formação técnica, no secundário, cede a vez à necessidade de uma boa alfabetização nos anos iniciais.

A globalização da economia e a migração de indústrias para vários países subdesenvolvidos gera a necessidade de qualificação de um grande contingente de mão-de-obra barata, qualificação que se torna tanto mais urgente quanto mais complexa se torna a tecnologia de produção. Entra em cena, então, o Banco Mundial, financiando a expansão e a padronização do ensino básico em todo o mundo, dentro dos moldes adequados a esse projeto político-econômico que se consolida a partir das grandes conferências educacionais da ONU na década de 1990.

Os marxistas, no Brasil, colaboram nessa empreitada, pretendendo usá-la em causa própria. Desde então, as transformações

CAPÍTULO IV

no sistema educacional obedecem a um jogo dialético entre essas duas vertentes, cujas ações são promovidas por fundações[1] e sindicatos, que conseguem influenciar na nomeação dos principais cargos. Em muitos casos, os nomeados em um estado são importados de outros, permanecendo os mesmos grupos no controle dos postos-chave, o que permite dar continuidade a projetos de longo prazo.[2]

Na época do governo do Presidente Fernando Henrique Cardoso, os Parâmetros Curriculares Nacionais são criados com a intenção de unificar o currículo nacional, mas se colocam, inicialmente, apenas como um elemento norteador. No segundo mandato da Presidente Dilma Rousseff, uma tomada mais completa do sistema educacional é anunciada pelo próprio lema "Brasil, pátria educadora", que se materializa na criação da Base Nacional Comum Curricular (BNCC)[3] — já prevista na legislação, mas que deveria ser genérica, deixando ampla margem de autonomia para estados e municípios.

A BNCC define os conteúdos de cada ano, obrigatórios para todos os tipos de escolas, segundo pressupostos da filosofia marxista, das ideologias identitárias, do ambientalismo e da consolidação de habilidades e competências mínimas para a atuação no mercado de trabalho.

Segundo o site de divulgação da BNCC, "não é justo que existam diferenças entre o conteúdo ministrados em instituições privadas, dos currículos ministrados em instituições públicas" (sic).[4] Como se percebe, o objetivo é a unificação do currículo e a adoção de uma mesma mentalidade, seja em escolas públicas ou particulares.

1   As fundações financiam, por meio de bolsa de estudos, a formação de milhares de professores, indicam gestores treinados nas suas linhas políticas, oferecem modelos administrativos e educacionais que lhes são favoráveis, e propõem projetos cujos conteúdos e corpo técnico já estão prontos para assumir as funções. Contam com prestígio social e político e estão preparadas para convencer presidentes, governadores e prefeitos a adotar as suas propostas políticas. No Brasil, uma das fundações mais influentes é a Fundação Lemann.
2   Cf. "A força das fundações educacionais bancárias e empresariais sobre as políticas do MEC". Disponível em: https://deolhonolivrodidatico.blogspot.com/2018/12/fundacoes-e-ongs-que-desequilibram-as.html.
3   Disponível em: http://basenacionalcomum.MEC.gov.br/.
4   Disponível em: https://compreendaBNCC.com.br/.

A BNCC é, estritamente falando, claramente inconstitucional, pois, de acordo com o art. 210 da Constituição Federal, "serão fixados conteúdos mínimos para o ensino fundamental, de maneira a assegurar formação básica comum e respeito aos valores culturais e artísticos, nacionais e regionais". "Mínimo" é um superlativo que significa "o menor", ou "muito pequeno". Não pode significar, jamais, a maior parte, como de fato a BNCC implementa, e muito menos a homogeneização completa explicitamente declarada nas intenções dos seus promotores.

Antes mesmo da aprovação definitiva da BNCC, em 2017, a indústria do livro didático já havia adequado as suas publicações de acordo com as versões provisórias. Já foram alterados os currículos de creches e escolas de todo o país, as avaliações institucionais e até mesmo os cursos de licenciaturas nas universidades serão regulados pelo *Movimento pela BNCC*, um grupo não governamental composto por entidades e organizações que devem garantir que todas as faculdades e universidades adéqüem seus programas de ensino em torno das dez competências gerais e dos objetivos de aprendizagem da BNCC.[5]

A BNCC é mais uma iniciativa para sufocar qualquer realização educativa independente, até mesmo para a educação domiciliar, se essa for regulamentada de acordo com o projeto de lei[6] enviado pelo governo Bolsonaro ao Congresso, que vincula a opção pelo *homeschooling* à elaboração de um plano pedagógico enviado diretamente ao MEC, em Brasília (onde pode ser aprovado ou desaprovado, não se sabe por quem nem sob quais critérios), e à avaliações regulares calcadas na BNCC, também controladas pelo MEC.

Estranhamente, a primeira versão da BNCC foi elaborada durante um ano, apenas, enquanto o mesmo processo, em outros países, costuma levar cerca de uma década. Especialistas no assunto, que alegam conhecer estudiosos que participaram da construção de bases curriculares em outros países, desconheciam os autores da

---

5 Cf. Orley José da Silva, "O papel da BNCC em um vôo de galinha da direita política brasileira", em *De olho no livro didático*. Disponível em: https://deolhonolivrodidatico.blogspot.com/2019/12/o-papel-da-BNCC-em-um--voo-de-galinha-da.html.

6 Art. 6, §1º: "A certificação da aprendizagem terá como base os conteúdos referentes ao ano escolar correspondente à idade do estudante, de acordo com a Base Nacional Comum Curricular".

CAPÍTULO IV

primeira versão brasileira.[7] Ademais, o MEC afirmou que a elaboração começou em 2015 e que, de início, "houveram (sic) mais de doze milhões de contribuições"[8], o que, considerando que cada um tivesse feito uma única contribuição, representa cerca de 5% da população brasileira — o dobro do número total de professores no Brasil — sendo que, dessas propostas, apenas 2 a 3% consistiriam de pequenas objeções.

Essa elaboração rápida, furtiva e sem questionamentos significativos indica que um pequeno grupo controla todo o processo, e que a educação dos nossos filhos está nas mãos destas poucas pessoas.

Não é possível analisar aqui a versão final do documento em profundidade, mas alguns exemplos já podem dar uma boa idéia do conjunto. A BNCC[9] está "alinhada à Agenda 2030 da Organização das Nações Unidas (ONU)"[10] e repete, nas várias áreas e em diversos anos da grade curricular, o mesmo louvor a valores alicerçados no ambientalismo, no desenvolvimento sustentável, na promoção dos Direitos Humanos (entendidos em sentido relativista), especialmente no que tange à "saúde sexual e reprodutiva".

O relativismo moral perpassa o documento do início ao fim. Valores e práticas das crianças e dos seus familiares são discutidos e submetidos à crítica, para gerar uma nova concepção das relações humanas. Contudo, só um olhar atento pode perceber essa intenção, uma vez que a linguagem foi cuidadosamente elaborada para sugerir a promoção da tolerância e do respeito à diversidade, sendo recorrente, como um refrão, a frase "sem preconceitos de qualquer natureza".

Quem conhece a realidade da educação brasileira sabe que a promoção da tolerância remete, normalmente, à "tolerância repressiva" de Herbert Marcuse, que significa tolerância para com as idéias e práticas da esquerda, e intolerância para com a direita.

Os princípios morais da BNCC são, no devido tempo — quando o aluno começa a entrar na adolescência —, transformados em engajamento político-social. Já no Ensino Fundamental, na área de ciências da natureza, as crianças devem ser capazes de

7   Informação veiculada na primeira audiência pública sobre a BNCC no Senado.
8   Disponível em: https://compreendaBNCC.com.br/.
9   O texto da BNCC está disponível em: http://basenacionalcomum.MEC.gov.br/images/BNCC_EI_EF_110518_versaofinal_site.pdf.
10 Ibid., p. 8.

EXPANSÃO E UNIFICAÇÃO DOS SISTEMAS EDUCACIONAIS

"debater e tomar posição sobre alimentos, medicamentos, combustíveis, transportes, comunicações, *contracepção*, saneamento e manutenção da vida na Terra",[11] chegando, inclusive, a "propor intervenções".[12] Além disso, são chamadas a "tomar decisões frente a questões científico-tecnológicas e socioambientais e a respeito da saúde individual e coletiva",[13] "acolhendo e valorizando a diversidade de indivíduos e de grupos sociais, sem preconceitos de qualquer natureza".[14]

Esse posicionamento deve assumir a feição de um engajamento quando se trata da "saúde sexual e reprodutiva" — um termo genérico que, desde as Conferências da ONU na década de 1990, está estreitamente ligado à promoção do aborto e da ideologia de gênero. No final do Ensino Fundamental, o aluno deve "assumir o *protagonismo* na escolha de posicionamentos que representem autocuidado com seu corpo e respeito com o corpo do outro".[15]

Na área de ciências humanas, os pressupostos da Teoria Crítica da Escola de Frankfurt são visíveis: "Não se pode deixar de valorizar também a *crítica sistemática à ação humana, às relações sociais e de poder* e, especialmente, à *produção de conhecimentos e saberes*, frutos de diferentes circunstâncias históricas e espaços geográficos".[16]

A discussão e problematização da família que, segundo Horkheimer, é a instituição que cria e reproduz a noção de autoridade, acontece desde os primeiros anos: "No Ensino Fundamental — anos iniciais, é importante valorizar e problematizar as vivências e experiências individuais e familiares trazidas pelos alunos",[17] contextualizando a família num panorama mais amplo em que há "questionamentos sobre as pessoas, os grupos humanos, as culturas e os modos de organizar a sociedade; as relações de produção e de poder".[18] Assim, é possível promover "o acolhimento

11 Ibid., p. 321. Destaque nosso.
12 Ibid., p. 332.
13 Ibid., p. 334.
14 Ibid., p. 324.
15 Ibid., p. 327. Destaque nosso.
16 Ibid., p. 353. Destaque dos autores.
17 Ibid., p. 355.
18 Ibid., p. 356.

CAPÍTULO IV

e a valorização da diversidade de indivíduos e de grupos sociais, seus saberes, identidades, culturas e potencialidades, sem preconceitos de qualquer natureza".[19]

No Ensino Médio, vemos que um dos objetivos é "organizar uma *escola que acolha as diversidades*",[20] em que o aluno possa "compreender os processos identitários, conflitos e relações de poder que permeiam as práticas sociais de linguagem [...], combatendo preconceitos de qualquer natureza".[21]

Apesar dos baixíssimos índices de proficiência em leitura dos alunos, o ensino da língua visa mais a "compreender as línguas como fenômeno (geo)político, histórico, cultural, social, variável, heterogêneo e sensível aos contextos de uso, reconhecendo suas variedades e vivenciando-as como formas de expressões identitárias, pessoais e coletivas, bem como agindo no enfrentamento de preconceitos de qualquer natureza".[22]

Dessa forma, o aluno é levado a valorizar as variantes ditas "incultas" da língua antes de dominar a expressão formal correta do português, perdendo, assim, qualquer possibilidade de ascender socialmente e de melhorar economicamente por meio do estudo.

As variações lingüísticas são descobertas, estudadas e valorizadas por pesquisadores que dominam a língua culta e os processos formais do pensamento, e que usam a língua culta para expor as suas descobertas. Uma defesa das variantes incultas, escrita em português incorreto, jamais teria tido algum crédito; seria, antes, objeto de escárnio. É preciso, portanto, ensinar a norma culta e só então compará-la com as variantes, mostrando as situações em que o seu uso é normal e até preferível, e outras em que é melhor evitá-las.

Quem conhece o sistema educacional sabe que a ocupação de espaços pelos marxistas, nas posições estratégicas, é uma realidade consumada, de tal forma que os indiferentes ou os opositores, mesmo quando em maior número, raramente podem fazer-se ouvir. Nessa situação, as "análises de campanhas e programas políticos e de políticas públicas, bem como de estratégias de acompa-

19 Ibid., p. 397.
20 Ibid., p. 463. Destaque dos autores.
21 Ibid., p. 490.
22 Ibid., p. 490.

32

nhamento do exercício do mandato de governantes"²³ só podem contribuir ainda mais para fortalecer essa hegemonia.

Os alunos, quando chamados a "identificar e denunciar discursos de ódio e que envolvam desrespeito aos Direitos Humanos",²⁴ nada farão senão rotular pejorativamente idéias ou projetos políticos, culturais ou ideológicos que estejam em oposição ao "marxismo cultural", seguindo a receita da *Tolerância repressiva*: "Tolerância libertária, então, significaria intolerância contra os movimentos da direita e tolerância aos movimentos da esquerda".²⁵

Essa já é uma prática corrente, como foi documentado pelo Movimento Escola Sem Partido, e, com a BNCC, será normalizada em todas as escolas. "Produzir textos reivindicatórios, de reclamação, de denúncia de desrespeito a direitos e de peças ou campanhas sociais",²⁶ como reza o texto da BNCC, será uma obrigação curricular.

O engajamento político, contudo, deve ir além e transformar-se em militância. A escola deve "incentivar, prever e promover a participação significativa em alguma instância ou canal de participação da escola [...], da comunidade (associações, coletivos, movimentos etc.)", de forma a "engajar-se com o acompanhamento e a fiscalização da gestão pública e com a busca de soluções para problemas ou questões que envolvam a coletividade".²⁷

No ensino da literatura, a consistência e a riqueza dos clássicos devem ceder lugar às obras diluídas da cultura de massa. O pai *homeschooler* que quiser privilegiar o ensino dos clássicos deverá considerar, por conta da avaliação do filho pelo Estado, um repertório muito mais amplo, que vai desde a

literatura juvenil, literatura periférico-marginal, o culto, o clássico, o popular, cultura de massa, cultura das mídias, culturas juvenis etc. — e em suas múltiplas repercussões e possibilidades de apreciação, em

23 Ibid., p. 502.
24 Ibid.
25 Herbert Marcuse, "Tolerância repressiva". Tradução de Kathlen Luana de Oliveira, em *Revista Eletrônica do Núcleo de Estudos e Pesquisa do Protestantismo (NEPP)*, 2007, vol. XII, p. 23.
26 BNCC, op. cit., p. 513.
27 Ibid., p. 513.

CAPÍTULO IV

processos que envolvem adaptações, remediações, estilizações, paródias, HQs, minisséries, filmes, videominutos, *games* etc.[28]

Seja na matemática, em que os alunos devem "propor ou participar de ações para investigar desafios do mundo contemporâneo e tomar decisões éticas e socialmente responsáveis, com base na análise de problemas sociais",[29] seja nas ciências da natureza — que, analisadas à luz de uma sociologia do conhecimento com viés marxista, se mostram como "construções socialmente produzidas [...], influenciando e sendo influenciadas por condições políticas",[30] usadas "na justificativa de processos de discriminação, segregação e privação de direitos individuais e coletivos"[31] — o ensino da ciência sempre se torna um pretexto para ser discutido do ponto de vista da sociologia marxista, como um empreendimento humano historicamente construído na sua relação com os sistemas de produção, sendo, por vezes, muito mais útil para a aceitação futura da filosofia marxista do que para o aprendizado das ciências.

Surpreendentemente, a oferta do ensino religioso torna-se obrigatória com a nova BNCC. Um olhar para o conteúdo proposto deixa evidente que o verdadeiro objetivo é refrear o poder da religião, especialmente daqueles aspectos que estão em desacordo com as bases ideológicas do documento. Trata-se, sobretudo, de "assegurar o respeito à diversidade cultural religiosa, sem proselitismos",[32] "a partir de pressupostos éticos e científicos".[33]

Com isso, é possível problematizar certas "representações sociais" tidas como "preconceituosas sobre o outro, com o intuito de combater a intolerância, a discriminação e a exclusão".[34] A premissa não declarada é que o cristianismo veicula uma moral intolerante, discriminatória e excludente, expressa em mandamentos e proibições, que contraria os pressupostos da "interculturalidade e a ética da alteridade", que "constituem fundamentos teóricos e pedagógicos do ensino religioso".[35]

28 Ibid., p. 502.
29 Ibid., p. 531.
30 Ibid., p. 550.
31 Ibid., p. 559.
32 Ibid., p. 435.
33 Ibid., p. 436.
34 Ibid.
35 Ibid., p. 437.

O que se quer, no fundo, é tornar inócua qualquer tentativa de trazer para a arena pública os princípios da moral cristã, como a defesa incondicional da vida inocente, no caso do aborto, ou da sacralidade do matrimônio, da fidelidade conjugal e da castidade fora do casamento, que fortalecem a família e contrariam os princípios da crítica destrutiva da Escola de Frankfurt.

Além disso, a promoção de um novo espírito religioso é um dos principais objetivos dos promotores de uma nova ordem mundial, para veicular um novo paradigma moral e permitir a coexistência pacífica de diferentes religiões num mesmo caldeirão étnico-cultural. Para isso, cada religião deve deixar de ser um princípio que enforma toda a conduta do indivíduo e a sua ação política, para converter-se em mera preferência subjetiva, sem direito a reivindicações na esfera pública.

A defesa de princípios é, em última análise, vista como "intolerância, discriminação e violência de cunho religioso", que impedem o surgimento de uma "cultura de paz".[36] Por isso, é necessário valorizar, no ensino religioso, "as filosofias de vida [que] se ancoram em princípios cujas fontes não advêm do universo religioso", tendo origem em "fundamentos racionais, filosóficos, científicos, entre outros",[37] que são, justamente, os princípios advogados pelos autores da BNCC. Não há dúvidas de que se trata de um modo de relativizar o conhecimento religioso e erigir o conhecimento dito científico — que significa aqui, mais propriamente, "materialismo científico" — como um valor absoluto.

36 Ibid.
37 Ibid., p. 441.

V | O moderno movimento do homeschooling

Como é possível enquadrar o *homeschooling* nesse panorama de transformações da educação nos últimos séculos? A educação domiciliar, relativamente comum ao longo da história e praticamente inquestionada, passa a ser restrita com a instauração do sistema de ensino obrigatório, a partir do século XIX. Mas, já na década de 1950, nos Estados Unidos, reaparece como prática e movimento cultural. O sistema escolar governamental, com sua tendência centralizadora e seus resultados decepcionantes, começa a sofrer severas críticas, especialmente de progressistas que consideram a escola exageradamente conservadora e nociva à curiosidade natural da criança.[1]

Cerca de dez mil pais, nessa época, adotam o *homeschooling*, arriscando-se a multas e prisão e, apesar dos riscos, o movimento

---

1 Cf. Kimberly Yuracko, "Education Off the Grid: Constitutional Constraints on Homeschooling", em *California Law Review*, 2008, vol. XCVI, pp. 123-184. Disponível em: https://scholarship.law.berkeley.edu/cgi/viewcontent.cgi?article=1187&context=californialawreview; Patricia M. Lines, "Homeschooling Comes of Age", em *The Public Interest*, 2000, vol. CXL, pp. 74-85. Disponível em: http://patricialines.com/files/homeschooling%20comes%20of%20age.htm.

CAPÍTULO V

cresce. Na década seguinte — os anos 1960 —, divide-se, entretanto, em posições antagônicas, em meio à controvérsia criada pelo movimento pelos direitos civis, o feminismo, o discurso pacifista e naturalista, o crescimento da Nova Era — a revolução cultural, em suma — que dividem os Estados Unidos a respeito de temas controversos como o aborto, a sexualidade e a educação religiosa nas escolas públicas.[2]

As mudanças radicais geram uma reação conservadora, especialmente de grupos religiosos que se organizam politicamente; diversas famílias abandonam as escolas que se mostram hostis à fé e ao cristianismo, ao mesmo tempo em que introduzem a educação sexual no currículo.

No início da década de 1980, os pais entendem a necessidade de uma ação organizada para criar leis que garantam a completa liberdade de educar os filhos em casa, sem regulamentação governamental. É uma atitude completamente diferente dos pioneiros da educação domiciliar, que permaneciam na obscuridade para evitar complicações com a lei. Por meio de um intenso e bem articulado ativismo, essas famílias alteram a feição do movimento militando nas assembléias legislativas e nos tribunais.[3]

Por se tratar de um país federalista, com imensas diferenças étnicas, culturais e religiosas, a regulamentação do *homeschooling* dá-se de maneira muito diferente ao longo dos diversos estados americanos: enquanto alguns não exigem que os pais comuniquem a decisão de adotar o *homeschooling*, outros exigem a comunicação e, desses, cerca de metade requer dados adicionais, incluindo a freqüência das atividades e o progresso acadêmico. Há estados que exigem, inclusive, a comprovação da capacidade por parte dos pais, embora as evidências empíricas mostrem que mesmo pais com pouca capacitação conseguem bons resultados na educação domiciliar.[4]

Dos Estados Unidos o movimento expande-se para o Canadá, a Austrália, a Europa e o resto do mundo. Em alguns países, como a

---

2   Cf. Milton Gaither (org.), *The Wiley Handbook of Home Education*. Chichester: Wiley, 2017, p. 60.
3   Ibid.
4   Brian D. Ray, "Research facts on homeschooling", em *National Home Education Research Institute (NHERI)*. Disponível em: https://www.nheri.org/research-facts-on-homeschooling/.

Inglaterra, a educação domiciliar nunca chega a ser proibida. Na Europa, é crescente a adesão ao *homeschooling*,⁵ que já é legalmente reconhecido em países como Áustria, Bélgica, Dinamarca, Eslováquia, Eslovênia, Estônia, Letônia, Finlândia, França, Hungria, Islândia, Itália, Luxemburgo, Noruega, Polônia, Portugal, Reino Unido, República Tcheca, Romênia, Rússia, Sérvia, Suíça e Ucrânia. Nas Américas, além dos Estados Unidos e Canadá, é também permitido no México, Peru, Colômbia, Chile, Suriname e Trinidad e Tobago. Na Ásia, é permitido em Israel, Índia, Indonésia, Singapura, Filipinas, Tailândia, no Vietnam e em Taiwan, em toda a Oceania.

Em alguns países a situação não é muito clara, como na Espanha, onde não há penalidade para quem adere à prática, ou a Coréia do Sul, onde a educação domiciliar é proibida, mas praticada e apoiada por grandes empresários, e não há punições a quem a ela adere. A Turquia parece ocupar uma posição singular no universo do *homeschooling*: apesar de legalmente proibido, mais de quatro milhões de pessoas foram alfabetizadas em casa, a maioria mulheres. No Japão, segundo dados do Ministério da Educação, mais de 120 mil famílias praticaram educação domiciliar;⁶ não há regulamentação nem incentivo do governo, e parece imperar a lei "não pergunte, não fale". Mesmo na China, apesar da proibição oficial, a adesão ao *homeschooling* cresceu muito nos últimos anos, por parte de famílias que querem manter os ensinamentos confucionistas tradicionais, por cristãos e por famílias estrangeiras. São, em geral, famílias com educação e condição social acima da média.

De modo geral, os praticantes europeus da educação domiciliar não gozam da mesma liberdade que os americanos e canadenses, com a exceção do Reino Unido, onde os pais têm total liberdade. Em alguns casos, como na Bélgica, as crianças são obrigadas a submeter-se às provas realizadas para as idades de 12 a 15 anos nas escolas, introduzidas pelo governo com o propósito explícito de diminuir a procura cada vez maior pela educação domiciliar.⁷

---

5   Katie Gaultney, "Home education on the rise in Europe", em WORLD. Disponível em: https://world.wng.org/2016/01/home_education_on_the_rise_in_europe.
6   T. Kugai, "Homeschooling in Japan: Frequently asked questions regarding home learning (homeschooling) in Japan", apud Milton Gaither, 2017.
7   Milton Gaither, op. cit., p. 404.

CAPÍTULO V

Na América Latina, a adesão é crescente; só no Brasil, o crescimento foi de cerca de 2000% na última década, tendo surgido um verdadeiro movimento organizado em favor da legalização da modalidade. Foram propostos vários projetos de lei, um deles por iniciativa do governo federal, e em muitos estados e municípios ocorrem iniciativas semelhantes de regulamentação em nível local.

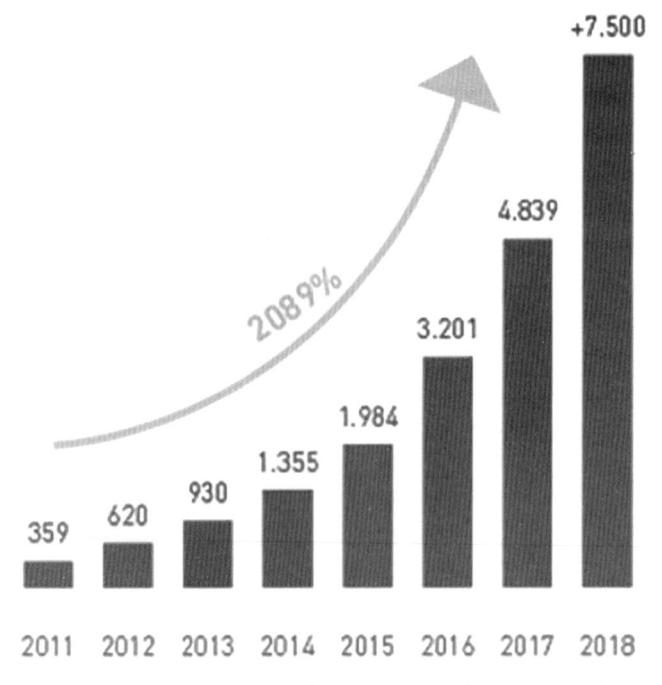

Crescimento da educação domiciliar no Brasil[8]

8 Fonte: Associação Nacional de Educação Domiciliar. Disponível em: https://aned.org.br/conheca/ed-no-brasil.

VI | Razões para adotar o homeschooling

A prioridade de direito dos pais quanto à educação dos filhos

Os pais têm prioridade de direito na escolha do gênero de instrução que será ministrada a seus filhos (Declaração Universal dos Direitos Humanos, art. 26, §3).

A situação da escola, por si só, não esgota os motivos para escolher a educação domiciliar. Mesmo onde haja boas escolas, pode haver famílias optando pelo *homeschooling*, por vários motivos.

A prática da educação fora da escola foi muito comum, ao longo da história. Na Grécia Antiga, a escola era vista com desconfiança por vários cidadãos, como o poeta Píndaro, que preferia a educação com um tutor de comprovada virtude e inteligência. O imperador Alexandre Magno foi educado pessoalmente por Aristóteles, a pedido de seu pai, Filipe II. Muitos reis e nobres europeus que podiam escolher o melhor tipo de educação disponível na sua época optavam por uma educação individualizada, geralmente aos cuidados de um tutor.

Era normal que as famílias tivessem liberdade para escolher o tipo de educação dos seus filhos. A família, uma instituição

CAPÍTULO VI

fundada na natureza, sempre foi considerada a esfera educativa fundamental, com autoridade e autonomia de fazer as escolhas no âmbito da educação dos filhos. O Estado, por sua vez, é uma criação política relativamente recente, que depende da existência anterior da família. É absolutamente contraditório negar a prioridade educativa da família em nome de uma entidade que é derivada dela, e cuja existência, na história, é acidental, e não essencial.

A atribuição da responsabilidade educativa ao Estado significa substituir um laço profundo e orgânico, em que a relação "enquanto pessoa" está em primeiro lugar, por um dever abstrato, a ser exercido por um estranho, dentro de um aparato burocrático. Este tipo de educação pode ocorrer, mas nada justifica a sua primazia sobre a educação domiciliar, nem a sua pretensão de ser moralmente superior. Mesmo um sistema escolar de excelência não teria legitimidade para impedir uma prática milenar e consagrada como a educação domiciliar.

Contra a autoridade natural da família tem sido recorrente, nos últimos anos, o argumento de que a família não pode substituir as inúmeras formas de vivência da sociedade, sendo a escola fundamental para preparar para o ingresso na socialização secundária. A socialização, contudo, nunca foi considerada importante na educação, a não ser muito recentemente, quando a escola foi transformada em meio de transformação social. O próprio termo socialização, criado num contexto de discussão e implantação do socialismo, não faz sentido senão em vista deste projeto político-ideológico específico.

A educação domiciliar continua a tradição milenar da educação como formação integral do homem, no sentido físico, intelectual, moral, político, espiritual etc., e não pretende substituir todo e qualquer convívio social para além da família: a criança continua tendo acesso aos demais ambientes públicos, como clubes, igrejas, museus, bibliotecas, instituições públicas, comércio etc.

A personalização do ensino e a atenção às necessidades individuais

Uma limitação bastante conhecida da instrução escolar é a dificuldade de se lidar, ao mesmo tempo, com alunos de diversos temperamentos, com histórias, aptidões, gostos e ritmos de aprendizagem diferentes. É necessário procurar um meio termo neutro e impessoal entre as diferenças, mas a uniformização é, em certos casos, anti-humana: o professor não está falando, na maior parte do tempo, a uma pessoa concreta, mas a um auditório. A busca do meio-termo converte a educação num molde uniformizante, que não se ajusta bem à maioria e faz o aprendizado adquirir certa rigidez.

O aluno mais perspicaz deve adequar-se ao ritmo dos mais lentos, e os que têm dúvidas evitam manifestar-se para não se exporem como incapazes, o que produz necessariamente uma queda geral do nível. O aluno habitua-se a descuidar da sua percepção, seguindo as ordens do professor e adequando-se ao ritmo da turma, em vez de deter-se nos pontos obscuros, fazer perguntas e pensar no assunto.

Sabe-se que diferentes temperamentos têm maneiras distintas de aprender: um aluno pode ser rápido e perspicaz, mas com dificuldades de se concentrar por muito tempo num mesmo assunto, enquanto outro é mais lento e, em contrapartida, mais profundo na penetração do assunto.

Situações como essas podem gerar uma falsa sensação de incapacidade e desestimular as crianças, que se defendem instintivamente, demonstrando desinteresse em relação a um tipo de aprendizagem que pode estigmatizá-las como fracassadas. A capacidade de adequação torna-se mais importante do que a descoberta; cria-se, assim, uma divisão entre o interesse interior e a conduta externa, gerando uma indiferença pelo conhecimento que é fatal para a inteligência.

O melhor sistema de ensino é o mais individualizado, o que acompanha mais de perto as tendências e facilidades pessoais do aluno. Esse tipo de aprendizagem lhe permite avançar, esclarecendo as dúvidas, uma a uma, no ritmo do estudante e de acordo com sua capacidade e seu interesse.

Preservando a convivência genuinamente pessoal

O *homeschooling*, além de ser um antídoto contra a tendência à massificação do ensino, contribui para evitar a separação radical

CAPÍTULO VI

entre as gerações, o que é uma marca da nossa época. Durante milênios, as crianças aprendiam observando e ajudando os mais velhos. Atualmente, contudo, as crianças estão segregadas do contato com os adultos, passando quase todo o dia com crianças da mesma idade e, assim, opera-se uma cisão profunda entre o passado e o presente, numa situação propícia à mutação revolucionária de condutas e valores que foram testados durante milênios e transmitidos geração após geração.

Ao fechamento das crianças no mundo infantil soma-se a tendência da pedagogia moderna de abolir as diferenças entre aluno bom e ruim, e entre aluno e professor; este perde a autoridade, e aquele é abandonado à própria ignorância e à autoridade do grupo, que é tirânica e induz uns a se afirmarem às custas dos outros, em geral dos mais vulneráveis.

Expostas à pressão do grupo, sem experiência da vida e desprovidas de mecanismos de defesa, as crianças tendem a desenvolver uma reação patológica, entre o conformismo e a delinqüência. Por influência do grupo, muitos começam a usar drogas, praticam vandalismo ou iniciam precocemente a vida sexual, como busca de aceitação grupal. Sem a presença da autoridade dos pais e dos professores, os modelos de conduta são retirados diretamente das mídias, diante das quais as crianças estão expostas a todo tipo de engenharia social.

Não é preciso dizer que essa influência é tanto mais profunda e prejudicial nos anos de formação da personalidade e tem um poder mais decisivo devido à fragmentação da família, deixando o indivíduo à mercê dos diversos grupos sociais que freqüenta e indefeso ante a manipulação político-ideológica.

O ambiente mais adequado para as crianças, especialmente nos primeiros anos, é a família. Ali, cada um é insubstituível e é valorizado como pessoa, enquanto num ambiente público — como a escola — cada um vale pela sua função social, e não por sua pessoa. Os alunos podem ser todos trocados, sem que isso acarrete grandes problemas; já na família, isso não seria cogitado: a realização pessoal dos filhos é o centro da vida familiar. O *homeschooling*, dessa forma, contribui para preservar um espaço de genuíno convívio pessoal que é imprescindível para a formação "enquanto pessoa", que é a base de qualquer educação verdadeiramente humana.

Insatisfação com as escolas disponíveis

Muitas famílias não encontram, na realidade social em que estão inseridas, uma escola que atenda às suas expectativas pedagógicas, e encontram no *homeschooling* a melhor maneira de cultivar seus valores e convicções, evitando a inculcação de ideologias indesejadas.

Nos Estados Unidos, de acordo com o National Center of Educacional Statistics de 2013,[1] 91% dos pais expressaram preocupação com o ambiente escolar como um importante motivo na escolha da educação domiciliar. É o motivo mais recorrente de todos. Não apenas a integridade moral, mas também a integridade física das crianças é ameaçada pela existência comum de gangues, pela difusão das drogas, pelo *bullying* e pela iniciação precoce na vida sexual.

Muitos pais têm a sensação de que o sistema de educação está falido e viciado nas suas bases, sendo, portanto, irreformável: décadas de esforços em reformas não fizeram senão piorar a qualidade das escolas, com o efeito colateral altamente indesejado de burocratizar e centralizar as políticas educativas.

Há pesquisas que apontam para uma correlação entre a qualidade das escolas e a procura pelo *homeschooling*: quando a qualidade das escolas decai, aumenta a procura pela educação domiciliar, especialmente quando a socialização nas escolas se torna mais negativa.[2] Isso inverte a balança no que diz respeito à importância da socialização escolar, um dos argumentos mais utilizados contra o *homeschooling*, que subentende a premissa de que a socialização escolar é sempre positiva. Um contexto de ampla liberdade educacional, onde há uma larga gama de opções de escolas públicas e privadas, tende a diminuir a procura pelo *homeschooling*.

Em estreita relação com esse dado está a constatação de que quanto maior é o nível de pobreza de uma área, maior é a busca

1 Cf. Milton Gaither (org.), *The Wiley Handbook of Home Education*. Chichester: Wiley, 2017, p. 106.
2 E. Isenberg, "What Have We Learned about Homeschooling?", em *Peabody Journal of Education*, 2007, vol. LXXXII, pp. 387–409. Disponível em: https://www.tandfonline.com/doi/full/10.1080/01619560701312996.

CAPÍTULO VI

pelo *homeschooling*,[3] pois normalmente a condição das escolas públicas, nesses casos, é marcada pela criminalidade, pelo tráfico de drogas, por altos índices de violência e, em conseqüência, por baixos rendimentos acadêmicos.

A insatisfação com a escola pública e sua influência na saúde moral e no desenvolvimento do caráter da criança é um fator de muita relevância na escolha da educação domiciliar. Muitos pais optam pela modalidade por acreditar que as escolas públicas estão academica e espiritualmente em bancarrota, sendo impossível colocar as crianças ali sem expô-las a um grande risco — espiritual, intelectual, social e até físico.[4]

Em muitos casos, é mais fácil retirar a criança da escola do que lutar indefinidamente com as autoridades públicas para resolver problemas que duram anos ou décadas.

Para muitos pais, a educação dos filhos é um mandamento divino e um dever inalienável, que não pode ser delegado a outrem sem um grande risco moral e espiritual. Nas últimas décadas a escola caracterizou-se, em todo o mundo, por uma crescente hostilidade em relação à religião.

Trata-se de uma postura falsamente laica que coíbe manifestações de religiosidade e promove, em contrapartida, valores e condutas que contrariam frontalmente os princípios cristãos, que são os da maioria da população brasileira.

Não é uma simples neutralidade, mas um desmantelamento dos pilares que sustentam a nossa civilização, como a família e o cristianismo,[5] por via da educação.

O *homeschooling* põe-se, desta forma, como uma opção para quem quer permanecer como a influência moral mais decisiva para os seus filhos, e não aceita que seus princípios e valores sejam desconstruídos.

Numa época em que a família é enfraquecida, ele permite intensificar os laços, fortalecer a vida familiar e assumir as responsabilidades que estão sendo abandonadas.

Os pais assumem, assim, o papel de atores numa guerra cultural contra o *establishment*, que se vale do sistema escolar para

---

3 Cf. Milton Gaither, op. cit., p. 90.
4 Milton Gaither, op. cit., p. 86.
5 Mayberry, apud Milton Gathier, op. cit., p. 100.

legitimar, aplicar e controlar políticas públicas, não raro incutindo nas crianças a missão de monitorar o comportamento dos pais de acordo com os valores ensinados na escola, ou de neutralizar a transmissão de um tipo de comportamento dos pais aos filhos.

Crianças com deficiência ou dificuldades cognitivas

Muitas escolas e mesmo o governo, por meio de leis, incentivos financeiros e investimento em pesquisas, têm procurado atender às necessidades de crianças que requerem cuidados especiais. Apesar de todas essas lutas e conquistas, tem crescido a opção pelo *homeschooling* entre essas famílias, que freqüentemente conseguem melhores resultados com um suporte mais individualizado.

Alguns pais se sentem forçados a tomar essa decisão, devido à grande incidência de estresse, depressão, sintomas físicos e *bullying* que as escolas não têm conseguido resolver. Ademais, a inclusão desses alunos em classes regulares coloca ao professor a difícil missão de potencializar o desempenho de crianças com ritmos de aprendizagem muito diversos. Alguns estudantes precisam, inclusive, de técnicas e abordagens específicas. Essa dificuldade ocorre também nos casos de alunos superdotados (que corresponderiam a nada menos do que 6% da população, segundo o National Association for Gifted Children 2013).[6]

Nos Estados Unidos, os negros são mais freqüentemente diagnosticados — de maneira equivocada — como portadores de transtornos comportamentais e cognitivos, o que muitas vezes leva à negligência e ao abandono escolar. Pesquisas mostram uma estreita correlação entre o abandono escolar e criminalidade entre negros, principalmente entre os meninos, e por este motivo muitas destas famílias optam pela educação domiciliar.

Problemas médicos, como o uso de remédios com fortes efeito colaterais, distúrbios do sono, comportamento agressivo, sexualmente inoportuno ou autodestrutivo, estão entre fatores que levam as famílias a optar pela educação domiciliar. Alunos com hiperatividade e transtorno de déficit de atenção podem ter o rendimento muito diminuído numa classe convencional, em que devam ficar

---

6 Cf. Milton Gaither, op. cit., p. 237.

CAPÍTULO VI

sentados, nas carteiras, durante cinqüenta minutos. A dificuldade na escrita ou na leitura em voz alta, por exemplo, pode diminuir a motivação e levar a posturas defensivas, ao passo que trabalhos em grupo e atividades com muito ruído podem ser muito contraproducentes para autistas. Mesmo quando há problemas cognitivos mais simples, as crianças são expostas ao risco de fracasso escolar e a baixo rendimento acadêmico.

No *homeschooling*, essas crianças podem receber mais atenção às suas dificuldades específicas; seus progressos ficam mais evidentes e a motivação pode ser mantida num nível mais alto, num ambiente mais estimulante, com menos possibilidades de distração, e sem a presença de elementos negativos como a competição, o *bullying*, o isolamento, a ansiedade etc.

Várias pesquisas têm mostrado grandes avanços no humor, nas emoções e no desempenho de crianças com necessidades especiais que passaram das escolas convencionais para o *homeschooling*, no qual se pode adotar uma agenda mais flexível na ocorrência de eventuais contratempos (que, em alguns casos, são freqüentes). É possível, assim disponibilizar mais tempo para exercícios ou leituras, realizar pausas mais freqüentes, subdividir as tarefas em segmentos menores, num espaço propício para a sua concentração, ou substituir atividades escritas por orais.

No caso de crianças com dificuldades mais severas, os pais assumem o fardo de uma educação de grande dificuldade e custos elevados; precisam, às vezes, pagar e experimentar materiais diversos, até encontrar um que seja adequado. A esses gastos somam-se, freqüentemente, os custos terapêuticos. Muitos desses pais, que retiraram os filhos do ambiente escolar por uma necessidade incontornável, gostariam de ter uma relação mais colaborativa com a escola, o que já acontece em alguns estados americanos, em que as escolas disponibilizam serviços terapêuticos e de apoio.

Desde que legalmente aprovado, o *homeschooling* passou a fazer parte da realidade educacional americana, e diversos pais recorrem às escolas para complementar o currículo em atividades selecionadas, como a educação física. Como pagadores de impostos, alegam ter direito aos mesmos serviços, e a maioria dos estados já proíbe discriminação contra *homeschoolers*.[7]

Outros motivos relevantes

A decisão de adotar o *homeschooling* não depende apenas das convicções dos pais, mas também da factibilidade ou da conveniência do *homeschooling* em cada situação concreta. Não importa apenas a situação da escola, mas também a da família.

Em alguns casos, a educação domiciliar responde à busca de um estilo de vida mais flexível, que permita, por exemplo, que os filhos tenham mais contato com pais que viajam com freqüência, como é o caso de artistas, esportistas, vendedores, representantes comerciais, caminhoneiros etc. Em outros, permite superar problemas de adaptação à escola, que são resolvidos com a adoção da educação domiciliar, evitando-se traumas, frustrações, sensação de fracasso ou inadaptação, que poderiam ter um efeito duradouro na personalidade.

Podemos também acrescentar motivos de segurança, questões de conveniência, de saúde, e dificuldades com auto-estima como motivações importantes na escolha da educação domiciliar.

Por fim, um motivo significativo é o contato dos pais com outras famílias que optaram pela educação domiciliar, e que podem comprovar, na prática, o sucesso dessa modalidade de educação.

---

7   Essa prática, contudo, é objeto de controvérsia tanto por parte de pais, que temem a introdução de regulamentação sub-reptícia na educação domiciliar, quanto por parte de alguns professores.

VII Mitos mais comuns acerca do homeschooling

Quase todas as lendas urbanas acerca do *homeschooling* nascem de inversões acerca do fenômeno real da educação domiciliar. Ao procurar impedir o exercício desse direito, seus adversários alegam que ele viola os direitos educativos das crianças; ao valorizar a escola como lugar do conhecimento científico, ignoram todas as pesquisas científicas que comprovam a eficácia da educação domiciliar. Numa época em que muito se valoriza a "diversidade" e as diferenças entre grupos e indivíduos, assiste-se ao temor de que as famílias se tornem autocentradas, impermeáveis à uniformização cultural. Quando as diferenças são valorizadas, por que o medo dos mecanismos que permitam o cultivo e a manutenção das diferenças? Quase sempre os mesmos que fazem a apologia da diversidade e das diferentes "tribos", expressam o medo da formação de "guetos" ideológicos e religiosos por conta da educação domiciliar.

Ora, por que uma parcela da sociedade iria arcar com o ônus da educação integral dos filhos — com diversas conseqüências legais indesejáveis — se não percebesse que há, no sistema educativo, um mecanismo de diferenciação e discriminação contra certos

CAPÍTULO VII

tipos de grupos e comportamentos? Não é preciso muita perspicácia para notar que o elogio ao livre exercício dos próprios valores se articula, na escola e na universidade, a um forte preconceito anticristão. Não se compreende, também, como a manutenção de práticas religiosas milenares ou seculares adotadas pela maioria da população poderia dar origem à formação de guetos. Essa crença só adquire alguma verossimilhança num ambiente acadêmico onde o cristianismo é perseguido e marginalizado há muito tempo. A criminalização da cristandade já foi decretada nos meios acadêmicos, e daí avança para a mídia, o judiciário e a política. O que já é uma realidade nos meios intelectuais é projetado para o resto da sociedade: daí a tendência a considerar a educação de base cristã como sectária, mesmo que se trate da crença da maioria da população. Os pais percebem esta hostilidade — explícita ou latente — que se impõe, dia após dia, sufocando na raiz a transmissão dos valores familiares. O que parecia, à primeira vista, como um fechamento em guetos, revela-se na verdade como a reação a um ataque maciço contra a simples manutenção de uma prática milenar consagrada. E os agentes desse ataque colocam-se contra a educação domiciliar alegando proteger as crianças e a própria sociedade contra essa ameaça à democracia e à ciência.

Quais são os mitos mais comuns acerca da educação domiciliar, e quais as provas factuais — e as pesquisas científicas — que foram varridas para baixo do tapete, permitindo levar adiante esta fraude monumental?

O mito da socialização deficiente

O mito mais difuso é a respeito da socialização: o *homeschooling* seria um fator de isolamento social, segregando as crianças longe das possibilidades de interação e de contato social. Ademais, a educação escolar seria importante para combater preconceitos que possam existir no interior da família.

Essa visão, além de expressar um inaceitável preconceito contra a família — como se ela fosse uma fábrica de pessoas desajustadas, preconceituosas e intolerantes — ignora completamente os dados já existentes sobre o convívio social dos estudantes da educação domiciliar.

Adeptos da educação domiciliar podem participar de inúmeras atividades para além do ambiente familiar, e em lugares mais saudáveis do que o confinamento escolar, recebendo, assim, uma socialização superior à existente nas escolas. Várias pesquisas confirmam que as crianças educadas em casa possuem uma socialização no mínimo tão sólida quanto as demais, e participam de diversas atividades extracurriculares.[1]

Tendem a ser menos conformistas e dependentes da pressão dos pares e apresentam menos problemas de comportamento, se comparadas com crianças escolarizadas da mesma faixa etária.[2] Têm um número semelhante de contatos sociais que, embora sejam um pouco menos freqüentes, são mais diversificados no que tange à idade.[3] Professores de alunos *homeschoolers* (em atividades extracurriculares) reportam que eles apresentam mais habilidades sociais e menos problemas de comportamento.[4]

Em *colleges*, os alunos provenientes da educação domiciliar se destacam pelo bom desempenho social e pela capacidade de liderança.[5]

1 Robert Kunzman e Milton Gaither, "Homeschooling: A Comprehensive Survey of the Research", em *Other Education: The Journal of Educational Alternatives*, 2012, vol. II, nº 1. Disponível em: https://pdfs.semanticscholar.org/5c75/d3574e529521b7cff309af64c4a6e56ad039.pdf; Joseph Murphy, "The Social and Educational Outcomes of Homeschooling", em *Sociological Spectrum: Mid-South Sociological Association*, 2014, vol. XXXIV, pp. 244-272.

2 Larry Edward Shyers, "Comparison of social adjustment between home and traditionally schooled students". University of Florida, 1992. Disponível em: https://ufdc.ufl.edu/AA00017640/00001/1x.

3 Chatham-Carpenter, "Home vs. Public Schoolers' Relationships: Differences in Social Networks". Home School Researcher, 1994, pp. 15-24. Disponível em: https://files.eric.ed.gov/fulltext/ED361784.pdf.

4 Denise Lopez Haugen, *The Social Competence of Homeschooled and Conventionally Schooled Adolescents*. George Fox University, 2004. Disponível em: https://search.proquest.com/openview/59ad6fb3f0ed6bd093cf85ac47fac583/1.pdf?pq-origsite=gscholar&cbl=18750&diss=y.

5 J. Gary Knowles e James A. Muchmore, "Yep! We're Grown Up, Home-schooled Kids — And We're Doing Just Fine, Thank You!", em *Journal of Research on Christian Education*, 1995, vol. IV, nº 1, pp. 35-56. Rhonda A. Galloway e Joe P. Sutton, "Home Schooled and Conventionally Schooled High School Graduates: A Comparison of Aptitude for and Achievement in

CAPÍTULO VII

Ampla pesquisa do *National Survey on Drug and Health* aponta, contudo, uma grande diferença no comportamento de dois tipos de *homeschoolers*, provenientes de origens distintas: aqueles que vieram da contracultura, de inspiração mais anárquica e naturista, e os cristãos (que representam a maioria dos casos). O estudo mostra que apenas 3% destes últimos reportam terem feito uso de drogas, contra 6% dos estudantes escolarizados e 15% dos *homeschoolers* "contraculturais". A mesma pesquisa mostra que o índice de atividades extracurriculares é muito maior entre os *homeschoolers* cristãos, sendo que em apenas 20% dos casos as atividades se restringiam à religião.[6]

Não existem dados que evidenciem maior índice de negligência ou abuso infantil entre famílias que optam pela educação domiciliar: na literatura médica se constata, inclusive, o inverso.[7] Entretanto, persiste o discurso de que a escolarização obrigatória é importante como uma rede de proteção contra o abuso infantil que ocorre, em grande parte, no interior da família.

É necessário reconhecer que o abuso infantil é uma triste realidade, e em grande parte subnotificada: até 90% dos casos nunca são revelados.[8] Destes poucos casos que vêm à luz, a escola denuncia uma parte mínima, e não são poucos os casos de abuso em escolas.[9]

College English". Home School Researcher, 1995, pp. 1–9. Disponível em: https://www.nheri.org/home-school-researcher-home-schooled-and-conventionally-schooled-high-school-graduates-a-comparison-of-aptitude-for-and/.

6 Cf. Gaither, Milton, op. cit. Diferenças demográficas também influem neste dado. Um estudo do *Cardus Education Survey* afirma que *"homeschoolers* religiosos" canadenses apresentam, na vida adulta, falta de clareza quanto a objetivos e sentimentos de desamparo ao lidar com problemas da vida, enquanto os americanos se sentem mais bem preparados que o restante da população. Ver, a propósito, Pennings, R., et al. *Do the Motivations for Private Religious Catholic and Protestant Schooling in North America Align with Graduate Outcomes?* Hamilton: Cardus, 2011. Disponível em http://www.tpcs.org/about-us/Cardus-Cardus_Education_Survey_Phase_I_Report.pdf.

7 Cardel, Michelle et al. *Home-Schooled Children are Thinner, Leaner, and Report Better Diets Relative to Traditionally Schooled Children.* Disponível em: https://www.researchgate.net/publication/256613610.

8 Cf. https://childhood.org.br/a-violencia-sexual-infantil-no-brasil.

9 "São Paulo registra em média um caso de estupro dentro de escolas por dia". Disponível em https://www.uol.com.br/universa/noticias/redacao/2020/02/05/

Pesquisas mais completas sobre o abuso infantil revelam que o tipo de família mais segura para a criança é aquela em que os dois pais biológicos são casados. Nesta conformação familiar, 0,7 por mil são vítimas de abusos, contra 12,1 por mil de crianças em que um dos pais convivem com um parceiro. É também neste tipo de união em que ocorrem menos violência contra a mulher, seja no interior da família, seja por agressores externos. É geralmente este mesmo tipo de família — mais estável, com baixo índice de divórcios, em que as mães têm um nível educativo acima da média — que opta pelo *homeschooling*.[10] Uma sociedade que buscasse defender as mulheres e as crianças incentivaria a formação e a sobrevivência desta conformação familiar — sem desvalorizar, é claro, aqueles que não podem desfrutar desta realidade. O que acontece, na verdade, é o contrário: são valorizadas todas as formações familiares possíveis, menos aquelas que mais são seguras para as crianças.

* * *

O temor de que o *homeschooling* possa produzir um tipo de sectarismo religioso não se justifica porque, estatisticamente, pais empenhados na prática de uma religião tendem a transmiti-la para os filhos, independentemente de adotar ou não a educação domiciliar.[11]

Não se verifica, igualmente, nenhum tipo de isolamento da vida comunitária em famílias que adotam a educação domiciliar: normalmente, elas estão mais envolvidas em atividades cívicas do que a média, e se envolvem mais em atividades voluntárias.[12] Muitas

---

sao-paulo-registra-em-media-um-caso-de-estupro-dentro-de-escolas-por-dia. htm?cmpid=copiaecola.
10 R. Houstoun, *The Economic Determinants of Home Education*, apud Gaither, op.cit., p. 91.
11 Jeremy E. Uecker, "Alternative Schooling Strategies and the Religious Lives of American Adolescents", em *Journal for the Scientific Study of Religion*, 2008. Disponível em: https://www.ncbi.nlm.nih.gov/pmc/articles/PMC3119898/.
12 Jonathan P. Hill e Kevin R. den Dulk, "Religion, Volunteering, and Educational Setting: The Effect of Youth Schooling Type on Civic Engagement", em *Journal for the Scientific Study of Religion*, 2013, pp. 179–197. Disponível em: https://youthandreligion.nd.edu/assets/124515/hill_dulk_2013.pdf.

CAPÍTULO VII

participam de uma densa rede de contatos, grupos de apoio e atividades comunitárias.[13] Alunos oriundos da educação domiciliar apresentam um nível de tolerância política mais alto em comparação com alunos provenientes de escolas públicas[14] e comparecem mais às votações onde o voto não é obrigatório.[15]

* * *

Na vida adulta, indivíduos que receberam ao menos seis anos de educação domiciliar estão bem colocados na vida profissional ou no empreendedorismo e não costumam reportar sentimentos negativos em sobre a educação que receberam.[16]

Embora haja pesquisas que reportem resultados negativos,[17] a maioria revela que filhos *homeschoolers* têm crenças semelhantes às dos pais, com os quais mantêm uma boa relação depois da emancipação,[18] e apresentam maiores níveis de tolerância política em relação ao espectro oposto do que alunos da escola pública e privada.[19]

---

13   Christian Smith e David Sikkink, "Is Private School Privatizing?", em *First Things*, 1999. Disponível em: https://www.firstthings.com/article/1999/04/is-private-schooling-privatizing.
14   Albert Cheng, "Does Homeschooling or Private Schooling Promote Political Intolerance? Evidence from a Christian University", em *Journal of School Choice*, 2014, pp. 49–68. Disponível em: http://www.uaedreform.org/wp-content/uploads/2013/08/Cheng_EDRE_2013_06.pdf.
15   Nos EUA, cf. Brian D. Ray, "Homeschoolers on to College: What Research Shows Us", em *Journal of College Admission*, 2004, nº 185, pp. 5–11. Disponível em: https://files.eric.ed.gov/fulltext/EJ682480.pdf. No Canadá, cf. Deani A. Neven Van Pelt, Patricia A. Allison e Derek J. Allison, "Fifteen Years Later: Home-Educated Canadian Adults". London, Ontario: Canadian Centre for Home Education, 2009. Disponível em: https://www.naturalchild.org/articles/research/fifteen_years_later.pdf.
16   J. Gary Knowles e James A. Muchmore, op. cit.
17   R. Pennings et al., op. cit.
18   Braden Ryan Hoelzle, "The Transmission of Values and the Transition into Adulthood within the Context of Home Education", em *Journal of Research on Christian Education*, 2013, pp. 244–263. Disponível em: https://www.researchgate.net/publication/271929368_The_Transmission_of_Values_and_the_Transition_into_Adulthood_Within_the_Context_of_Home_Education.
19   Albert Cheng, op. cit.

Indício claro de que o *homeschooling* permite uma socialização adequada é que vários líderes e homens de capacidade eminente foram educados nesta modalidade: governantes como Alexandre Magno, Abraham Lincoln e George Washington; grandes inventores como Thomas Edison e cientistas renomados como Albert Einstein; escritores como Gilberto Freyre e C. S. Lewis e mesmo celebridades como o cantor Justin Bieber e as tenistas Serena e Venus Williams.

Desconstruindo mais um mito: os pais não têm a qualificação necessária para conseguir bons resultados acadêmicos

Vários estudos procuraram avaliar a capacidade acadêmica de alunos que estudaram via educação domiciliar. Rudner[20] analisou a *performance* de alunos de mais de vinte mil famílias nos Estados Unidos, e concluiu que os *homeschoolers* superam seus colegas da escola pública em leitura e linguagem, matemática, estudos sociais e ciências. Brian Ray,[21] com uma amostra menor (cerca de metade da de Rudner), chegou a conclusões semelhantes.

Outros estudos, com amostras bem menores, procuraram fazer uma diferenciação no perfil dos alunos selecionados, com o objetivo de obter uma maior generalização da amostra, como Martin-Chang, Gould e Meuse.[22] Os pesquisadores diferenciaram famílias *homeschoolers* que seguem um currículo estruturado de outras que não o seguem (*unschooling*) e concluíram que os alunos *homes-*

---

20 L. M. Rudner, "The Scholastic Achievement and Demographic Characteristics of Home School Students in 1998". Education Policy Analysis Archives, 1999. Disponível em: https://epaa.asu.edu/ojs/article/view/543.

21 B. D. Ray, "Academic Achievement and Demographic Traits of Homeschool Students: A Nationwide Study", em *Academic Leadership*: The Online Journal, 2010, pp. 1–44. Disponível em: https://www.nheri.org/wp-content/uploads/2018/03/Ray-2010-Academic-Achievement-and-Demographic--Traits-of-Homeschool-Students.pdf.

22 Sandra Martin-Chang, Odette N. Gould e Reanne E. Meuse, "The Impact of Schooling on Academic Achievement: Evidence from Homeschooled and Traditionally Schooled Students", em *Canadian Journal of Behavioural Science*, 2011, vol. XLIII, pp. 195–202. Disponível em: https://www.researchgate.net/publication/232544669_The_Impact_of_Schooling_on_Academic_Achievement_Evidence_From_Homeschooled_and_Traditionally_Schooled_Students.

CAPÍTULO VII

choolers "estruturados" estão bem acima dos alunos das escolas públicas e das crianças *unschooling*, enquanto os alunos de escolas públicas ficaram numa posição intermediária entre os dois grupos. Mesmo quando não se faz a distinção entre "estruturados" e "não-estruturados", *homeschoolers* mostram desempenho superior em linguagem e ligeiramente inferior em matemática.[23] Adversários da educação domiciliar, ou mesmo aqueles que têm preocupações e desconfianças, acham imprescindível que haja grande regulação e controle por parte das autoridades, para evitar que as crianças sejam prejudicadas por uma má formação. A excessiva regulação,[24] assim como a prática de avaliações pelo governo, tende a inibir a adesão ao *homeschooling*, sem contribuir para a melhoria dos resultados acadêmicos, como indica pesquisa realizada em vários estados americanos.[25] A única correlação existente entre regulação e resultados acadêmicos é que, em estados com maior liberdade a pontuação obtida foi mais alta.[26]

---

23 Milton Gaither (op. cit.) reporta, a respeito, os estudos de Belfield, 2005; Frost e Morris, 1988; Ray e Wartes, 1991; e Rudner, 1999.
24 Cf. G. R. Houston e Toma, "Home Schooling: An Alternative School Choice", em *Southern Economic Journal*, 2003, pp. 920–935. https://www.researchgate.net/publication/23780039_Home_Schooling_An_Alternative_School_Choice.
25 Cf. "Academic Statistics on Homeschooling". Disponível em: https://hslda.org/content/docs/nche/000010/200410250.asp.
26 Brian D. Ray e Bruce Eagleson, "State Regulation of Homeschooling and Homeschoolers' SAT Scores", em *Academic Leadership: The Online Journal*, 2008. Disponível em: https://pdfs.semanticscholar.org/7063/2e-2150f5ef670a7cb74a60baf3f69c412458.pdf.

VIII | Homeschooling e educação superior: o desempenho em colleges

Dos vários estudos realizados em *colleges* americanos, em diferentes momentos, em regiões distintas e com perfis acadêmicos bem diferenciados, nenhum posiciona os alunos provenientes do *homeschooling* abaixo ou no mesmo nível que os demais: estão sempre acima da média quanto a realização acadêmica, engajamento em atividades de liderança e comprometimento com atividades institucionais.

O bom desempenho acadêmico é verificado em testes de admissão, nas notas e no índice de permanência, que são invariavelmente acima da média. Essa tendência se manifesta desde finais da década de 1980 e persiste ao longo do tempo.[1]

1 Michael F. Cogan, "Exploring Academic Outcomes of Homeschooled Students", em *Journal of College Admission*, 2010, pp. 18–25. Disponível em: https://files.eric.ed.gov/fulltext/EJ893891.pdf.
M. Scott DeBerard, Glen I. Spielmans e Deana L. Julka, D., "Predictors of Academic Achievement and Retention Among College Freshman: A Longitudinal Study", em *College Student Journal*, 2004, vol. XXXVIII, pp. 66–80. Disponível em: https://www.researchgate.net/publication/264784492_Predictors_of_academic_achievement_and_retention_among_college_freshmen_A_longitudinal_study.

CAPÍTULO VIII

Os estudantes mostram boa capacidade de socialização e estão integrados na vida do *campus*.[2] Quanto mais a criança estudou em casa, melhores são os resultados.[3] Em todos os aspectos, "são estudantes normais de *college*",[4] e têm, inclusive, níveis significativamente mais baixos de depressão.[5]

Eunhee Kim, Fred B. Newton, Ronald G. Downey e Stephen L. Benton, "Personal Factors Impacting College Student Success: Constructing College Learning Effectiveness Inventory", em *College Student Journal*, 2010, vol. XLIV, pp. 112-125. Disponível em: https://www.researchgate.net/publication/260124913_Personal_Factors_Impacting_College_Student_Success_Constructing_College_Learning_Effectiveness_Inventory_CLEI.
Christopher M. Cornwell, David B. Mustard e Jessica V. Parys, "How Does the New SAT Predict Academic Achievement in College?", 2008. Disponível em: https://www.researchgate.net/publication/228871851_How_Does_the_New_SAT_Predict_Academic_Achievement_in_College.
Jennifer L. Kobrin et al, "Validity of the SAT for Predicting First-Year Grade-Point Average", em *College Board Research Report*, 2008, nº 2008-5. Disponível em: https://www.researchgate.net/publication/267954770_Validity_of_the_SAT_R_for_Predicting_First-Year_College_Grade_Point_Average.
Paul Jones e Gene Gloeckner, "First-Year College Performance: A Study of Home School Graduates and Traditional School Graduates", em *The Journal of College Admission*, 2004, pp. 17-20. Disponível em: https://files.eric.ed.gov/fulltext/EJ682484.pdf.
Jack Bagwell, "The Academic Success of Homeschooled Students in a South Carolina Technical College". University of Nebraska, 2010. Disponível em: https://digitalcommons.unl.edu/cgi/viewcontent.cgi?article=1038&context=cehsedaddiss.
Snyder, Marc, "An Evaluative Study of the Academic Achievement of Homeschooled Students Versus Traditionally Schooled Students Attending a Catholic University". Nova Southeastern University, 2013. Disponível em: https://files.eric.ed.gov/fulltext/EJ1005657.pdf.

2   Melvin A. Holder, "Academic Achievement and Socialization of College Students who were Homeschooled", apud Gaither, 2017, e Sutton e Galloway, op. cit.
3   Vivien Lattibeaudiere, "An Exploratory Study of the Transition and Adjustment of Former Homeschooled Students to College Life" apud Gaither, op cit.
4   Mary Beth Bolle-Brummond e Roger D. Wessel, "Homeschooled Students in College: Background Influences, College Integration, and Environmental Pull Factors", em *Journal of Research in Education*, 2012, pp. 223-249. Disponível em: https://files.eric.ed.gov/fulltext/EJ1098414.pdf.
5   Cynthia K. Drenovsky e Isaiah Cohen, "The Impact of Homeschooling on the Adjustment of College Students", em *International Social Science Review*, 2012, pp. 19-34. Disponível em: https://icher.org/blog/?p=532.

Estudantes educados em casa freqüentam mais de novecentos *colleges* e universidades nos Estados Unidos.[6] Uma das queixas mais freqüentes entre as famílias educadoras é que *colleges* e universidades não têm a mesma abertura aos alunos educados em casa, apesar de todas as evidências do sucesso da educação domiciliar.

Contudo, dados do National Center for Home Education Research (NCHER) mostram que quase 70% dos *colleges* já têm uma política de admissão simples e desburocratizada para *homeschoolers*. Via de regra, os funcionários de *colleges* reportam uma alta expectativa em relação às realizações dos alunos provenientes da educação domiciliar: aproximadamente 76% esperam que *homeschoolers* tenham notas tão boas ou mais altas que os demais; 65,5% tem a expectativa de um menor índice de evasão após o primeiro ano.[7]

---

6 Cf. Milton Gaither (org.), *The Wiley Handbook of Home Education*. Chichester: Wiley, 2017.
7 Paul Jones e Gene Gloeckner, "Perceptions of and Attitudes Toward Homeschool Students", em *The Journal of College Admission*, pp. 12–21. Disponível em: https://files.eric.ed.gov/fulltext/EJ682479.pdf.

IX | A decisão de adotar o homeschooling

Organizando o homeschooling

Considerando todos esses dados, o *homeschooling* pode parecer uma boa opção. Mas, como saber se devemos escolher essa modalidade para nossos filhos? Quais são os principais aspectos a se considerar, antes da decisão?

Situação jurídica

A primeira coisa a ser considerada hoje, no Brasil, é a situação legal. Há estudos que mostram que o *homeschooling* não é incompatível com a nossa Constituição, e um recente julgamento do STF confirmou essa tese. Apesar de negar o recurso apresentado por uma família de Canela, no Rio Grande do Sul, a decisão do STF reconhece a constitucionalidade do *homeschooling*, mas aponta para a necessidade de uma regulamentação por parte do poder legislativo.

Segundo Alexandre Magno Fernandes Moreira, em *O direito à educação domiciliar*,[1] a nossa Constituição não é apenas

---

1 Alexandre Magno Fernandes Moreira, *O direito à educação domiciliar*. Brasília: Editora Monergismo, 2017. Foi consultada a versão *online* disponível

CAPÍTULO IX

compatível com o *homeschooling*, mas está fundada em princípios tais que deveriam levar à defesa dessa modalidade. Um desses princípios é a defesa da dignidade humana. Quanto maior é a intervenção externa na vida de uma pessoa, menor é a sua autonomia, e menor e mais exposta é a sua dignidade:

> Cada pessoa deve ter a possibilidade de escolher como viverá: desde os seus hábitos mais cotidianos (como a escolha do tipo de alimentação ou de transporte) até os valores mais profundos (como a visão de mundo, a religião, a filosofia de vida), passando pelas decisões fundamentais da vida (como a escolha da profissão e da[s] pessoa[s] para relações íntimas). É por meio dessas decisões e escolhas que se exerce a autonomia, decorrência necessária da dignidade humana. Em termos mais superficiais, a autonomia é respeitada por meio da ausência de coerções ilegítimas. Em um nível mais profundo, porém, a autonomia individual requer o respeito às convicções fundamentais de todo ser humano; nesse sentido, ninguém pode ser coagido, manipulado ou mesmo influenciado, contra sua vontade expressa, a acreditar em uma concepção da realidade (por exemplo, a existência ou inexistência de um mundo espiritual), de normas éticas (por exemplo, a existência ou inexistência de um dever de ajudar os mais pobres) ou em uma filosofia política (que requeira, por exemplo, maior ou menor intervenção do Estado na sociedade).[2]

A sua autonomia é tanto mais ameaçada quanto mais está exposta à doutrinação e às técnicas de manipulação do comportamento, que hoje são uma realidade muito bem documentada e que transformam as crianças em meros instrumentos a serviço do interesse de terceiros, numa clara despersonalização e desumanização.

Uma educação conduzida pelo Estado, que necessariamente é feita de acordo com um molde uniformizador e massificador, dissolve o *status* da individualidade humana e, portanto, diminui a sua dignidade. Não sendo possível, por uma impossibilidade intrínseca, dar provimento a uma educação personalizada num sistema público de ensino, deve-se permitir que a sociedade tenha a liberdade de buscar uma educação mais próxima desse ideal.

---

em: https://www.researchgate.net/publication/303551238_O_direito_a_educacao_domiciliar.

2 Ibid., p. 85.

O Pacto Internacional sobre Direitos Civis e Políticos, cujo texto foi aprovado pelo Congresso Nacional, vai nessa mesma direção:

> Os Estados Partes do presente pacto comprometem-se a respeitar a liberdade dos pais e, quando for o caso, dos tutores legais de assegurar a educação religiosa e moral dos filhos que esteja de acordo com suas próprias convicções.[3]

Quando há divergência entre os pais e a escola, ou entre os pais e o Estado, deve prevalecer a vontade dos pais, desde que respeitados os "padrões mínimos de ensino prescritos ou aprovados pelo Estado". A autonomia educacional da família não pode resultar em prejuízo da qualidade da educação recebida pelos filhos, e eles devem ser preparados para participar efetivamente da vida em sociedade. Para além desses parâmetros, deve ser conferida a máxima liberdade possível.

A Constituição de 1988 adotou, no campo educacional, uma "neutralidade moderada"[4], em que os pais têm prioridade para dirigir a educação dos filhos, cabendo ao Estado uma função auxiliar e subsidiária. Ora, o Estado não pode garantir uma educação que seja condizente com cada crença e convicção e assim não pode oferecer senão uma educação laica.

A educação laica significa que o Estado não endossa nenhuma crença ou cosmovisão específica, em detrimento de outras, e jamais pode consistir em promover o laicismo como valor positivo ou ideal ético: essa seria apenas uma das crenças possíveis. Não sendo possível garantir uma educação feita sob medida para cada família, deve-se promover, contudo, a diversidade de meios e práticas educativas, nas quais crenças e convicções possam ser livremente ensinadas.

A sociedade civil deve ter a liberdade de abrir escolas com modelos educativos os mais diversos. Mas não só essa realidade está ausente no Brasil — onde a centralização curricular não pára de aumentar — como as próprias escolas particulares não correspondem, na maioria dos casos, a essas necessidades. Coloca-se, assim, a necessidade da aceitação do *homeschooling*, uma prática

3   Pacto Internacional sobre Direitos Civis e Políticos, art. 18, 3. Disponível em: http://www.planalto.gov.br/ccivil_03/decreto/1990-1994/D0592.htm.
4   Alexandre Magno Fernandes Moreira, op. cit.

CAPÍTULO IX

consagrada em todo o mundo, como forma de ver respeitados esses princípios constitucionais.

A prática da educação domiciliar apóia-se também, segundo Alexandre Magno Moreira, na liberdade de consciência e de crença, que

podem ser exercidas *secundum legem* ou *contra legem*. Na primeira situação, um direito já reconhecido a todos é exercido tendo por fundamento a consciência ou a crença do indivíduo. Na segunda situação, o indivíduo deixa de cumprir uma obrigação, de fazer ou não fazer, tendo em vista razões de consciência ou de crença. Esta última situação configura a objeção de consciência, que consiste na invocação de "crença religiosa ou de convicção filosófica ou política" para "eximir-se de obrigação legal a todos imposta" (CF, art. 5º, VIII). Neste caso, é possível que a lei determine prestação alternativa.[5]

Quando a educação escolar disponível suscita a objeção de consciência, a educação domiciliar naturalmente se configura como prestação alternativa, tendo em vista que alcança plenamente os objetivos de realização acadêmica e preparação para a vida social, como já demonstraram diversas pesquisas. Ademais, a objeção de consciência, com base no art. 5º, §1º, da CF, "pode ser argüida nas mais diversas situações, mesmo naquelas em que não haja prestação alternativa definida em lei", e, nesses casos, "o não cumprimento pelo objetor de consciência de obrigação a todos imposta não pode lhe trazer nenhuma conseqüência jurídica".[6]

A família, por sua vez, recebe proteção especial da nossa Constituição. É no seu seio que a cultura é preservada e transmitida às novas gerações, e por isso a Convenção sobre os Direitos das Crianças diz que se deve "imbuir na criança o respeito aos seus pais, à sua própria identidade cultural, ao seu idioma e seus valores" (art. 29, 1, c).[7]

A Constituição se define, no seu preâmbulo, como pluralista, isto é, protege e estimula a pluralidade no interior da sociedade. Todas as normas constitucionais devem ser entendidas à luz desse

---

5 Ibid., p. 97.
6 Ibid., p. 98.
7 Disponível em: https://www.unicef.org/brazil/convencao-sobre-os-direitos-
   -da-crianca.

princípio, que dá autonomia às várias esferas "para levar adiante seus propósitos soberanos, sendo o Estado limitado em sua autoridade para intervir nessas esferas".[8] O próprio povo pode exercer o poder diretamente, nos termos da Constituição.

Uma vez que o *homeschooling* protege e estimula a pluralidade no interior da sociedade, e especialmente a unidade familiar, e atende aos requisitos da educação escolar, a sua prática é perfeitamente adequada à vida social.

A Constituição garante plena liberdade de associação, independentemente de autorização governamental, e proíbe o Estado de autorizar ou impedir a constituição de associações e de interferir em seu funcionamento.[9] Ora, a família configura-se como um tipo de associação — a associação íntima — e a mais importante de todas, expressamente reconhecida como a base da sociedade e especialmente protegida pela Constituição. Em virtude de ser a base da sociedade, a família é "a mais importante 'esfera soberana'", na qual o Estado está proibido de intervir, a não ser em casos excepcionais, devendo seguir necessariamente os princípios da "excepcionalidade (intervenção mínima), motivação, devido processo legal, ampla defesa, contraditório e proporcionalidade"[10] e para a proteção e o benefício da família, como a assistência de serviços básicos.

Enquanto há vários dispositivos que asseguram aos pais a primazia na escolha do gênero de educação a ser ministrado aos filhos, não há nenhum que assegure ao Estado a direção da educação das crianças. Além disso, em virtude da liberdade de associação, os pais não poderiam ser obrigados a se associar a algum tipo de entidade educativa contra a sua vontade.[11]

Vale lembrar que, em respeito à autonomia associativa, o Estado deve atuar somente nas "situações em que indivíduos e associações não possam prover adequadamente bens considerados essenciais" e, havendo conflito entre diversas associações da sociedade civil, "deve-se dar preferência àquelas de menor envergadura, ou seja, as que estejam mais próximas do indivíduo titular desses direitos".[12]

---

8   Alexandre Magno Fernandes Moreira, op. cit., p. 104.
9   Ibid., p. 109.
10 Ibid., p. 114.
11 Ibid., p. 120.
12 Ibid.

CAPÍTULO IX

Outro fator a ser considerado, quando há conflitos entre os interesses de diferentes esferas, como o Estado ou a família, é o melhor interesse da criança, como previsto na Constituição (art. 227), na Convenção Internacional dos Direitos das Crianças (art. 3, 1) e no ECA (art. 3). Nesse sentido, as pesquisas acerca da educação domiciliar mostram, sem sombra de dúvida, que os benefícios para as crianças costumam ser superiores aos que a escola pública oferece.

Somente quando houver um comprovado prejuízo à criança — se apresentar um nível de conhecimento nitidamente inferior ao das crianças escolarizadas, se for impedida de participar da convivência comunitária, ou comprovar-se que foi vítima de algum tipo de abuso, e após o devido processo legal, é que essa opção poderia ser vedada.

Nos casos em que a presença da criança no ambiente escolar, contudo, causasse prejuízo psicológico, cognitivo ou à sua saúde, a educação domiciliar deveria ser expressamente recomendada pelo próprio Estado.[13]

Apesar de o *homeschooling* não ser considerado inconstitucional, ainda perduram vários mitos acerca da sua inconstitucionalidade, inclusive entre membros da burocracia estatal e do Poder Judiciário. Como ainda não existe regulamentação, as famílias podem ser levadas a esclarecer, perante o poder público, por que retiraram os filhos da escola, e inclusive responder a processo, o que se torna mais difícil quando o funcionário público envolvido apresenta algum preconceito de natureza ideológica.

Se um pai retira o filho da escola, a autoridade escolar deve comunicar o fato às autoridades, necessariamente. Mesmo uma criança que nunca foi matriculada pode ser identificada pelo radar da evasão — um programa da ONU — ou por denúncias de parentes e vizinhos que acreditam estar protegendo a criança.

Vale lembrar que o art. 208 da Constituição, no 3º parágrafo, obriga o poder público a "recensear os educandos no ensino fundamental, fazer-lhes a chamada e zelar, junto aos pais ou responsáveis, pela freqüência à escola". Essa obrigação é reiterada no Estatuto da Criança e do Adolescente e na Lei de Diretrizes e Bases da Educação. O Código Penal, por sua vez, considera crime

---

13 Ibid., p. 120.

de abandono intelectual "deixar, sem justa causa, de prover a instrução primária de filho em idade escolar", com pena de detenção de quinze dias a um mês, ou multa. Não criminaliza, contudo, a instrução em casa, mas apenas o não provimento à instrução.

Uma família que pratica o *homeschooling* não está abandonando intelectualmente os seus filhos, e o próprio Ministro Luís Roberto Barroso, do STF, esclarece que é um erro interpretar automaticamente a opção pela educação domiciliar como abandono intelectual: "A opção pelo ensino doméstico é diametralmente oposta à idéia de abandono intelectual, uma vez que os pais assumem responsabilidade ainda maior na educação dos seus filhos".[14] A interpretação correta deveria, neste caso, ser teleológica (ou seja, que considera a finalidade da lei) e não material, ainda mais porque, à época da promulgação da Constituição, não havia a demanda pela educação domiciliar como há hoje.

O próprio Ministério da Família e dos Direitos Humanos emitiu nota[15] recomendando aos conselheiros tutelares que não tratem automaticamente a educação domiciliar como abandono intelectual, acompanhando cada caso concreto para verificar se não há violações dos direitos da criança, no aguardo da aprovação de lei sobre a matéria.

Mas não faltam conselheiros tutelares, promotores e juízes que confundem *homeschooling* com abandono intelectual, processando os pais — que se sentem ameaçados naquilo que têm de mais precioso: seus filhos — e causando graves contratempos na vida familiar. No entanto, não consta que nenhuma família de pais educadores tenha sido condenada por comprovado abandono intelectual, nem que tenha perdido a guarda dos filhos.

A ausência de regulação impede que o aluno da educação domiciliar receba automaticamente um diploma que corresponda à sua formação. As famílias, contudo, têm conseguido contornar esse problema por meio dos exames supletivos, na idade oportuna, o que permite obter tanto o diploma quanto o acesso ao ensino superior.

---

14 Apud André Uliano, "Damares tem razão: ensino domiciliar não configura evasão escolar". Disponível em: https://www.gazetadopovo.com.br/instituto-politeia/damares-ensino-domiciliar/.

15 Disponível em: https://www.gazetadopovo.com.br/instituto-politeia/wp-content/uploads/2019/09/Ofícício-Ministerio-Ensino-Domiciliar.pdf.

CAPÍTULO IX

* * *

Em virtude dessa insegurança jurídica, os pais precisam estar cientes desse risco e dispostos a enfrentá-lo, e inclusive a lutar pela completa legalização dessa modalidade de ensino. Geralmente, no Direito, é o costume que constitui a norma, e é bastante provável que, quanto mais pessoas optem pelo *homeschooling*, mais fácil seja a aprovação de uma lei que o regulamente.

Desde 1994 existem projetos de lei no Congresso Nacional com este objetivo, um deles de iniciativa do governo Bolsonaro. Em 2019 foi lançada, no Congresso, uma Frente Parlamentar em Defesa da Educação Domiciliar, com ampla participação das famílias educadoras de todo o Brasil. Contudo, inúmeros obstáculos têm impedido, até agora, a promulgação de uma lei.

Em virtude dessa demora, têm surgido iniciativas em nível municipal e estadual, que se justificam tanto pela omissão da União, quanto pela maior conveniência de uma da regulamentação num nível mais próximo ao cidadão comum.

À União cabe apenas a fixação de normas gerais, e aos estados a suplementação, de acordo com a norma geral. Na ausência desta última — como é o caso da educação domiciliar —, estados e municípios podem legislar sobre matérias de seu interesse, como é, notadamente, o caso da educação.

Em virtude do seu crescimento acelerado — na última década, na ordem de 2000% —, um número cada vez maior de famílias está sujeito a perseguições e contratempos por parte do poder público, sem acesso a serviços como atividades esportivas, de lazer e de cultura, que exigem o atestado de matrícula. Este processo de marginalização é ruim tanto para a família quanto para a sociedade, que oferece oportunidades que não podem ser aproveitadas, mantendo o país num subaproveitamento educacional e humano que em nada nos pode ser favorável.

A resistência contra a iniciativa municipal e estadual geralmente se baseia numa interpretação do art. 22 da Constituição, que afirma ser competência privativa da União legislar sobre as diretrizes e bases da educação nacional (inciso XXIV). Contudo, a própria Lei de Diretrizes e Bases da Educação Nacional afirma, no art. 1º, §1º, que o seu objeto é a "educação escolar". Ora, a educação domiciliar não se confunde com a educação escolar, à qual se coloca inclusive como uma alternativa.[16]

Atualmente, existem projetos, em nível estadual, em São Paulo, Rio de Janeiro, Santa Catarina, Rio Grande do Sul, Minas Gerais, Bahia e Distrito Federal; em municípios, foi aprovado em Vitória, Itaúna (MG) e Salvador (neste último, vetado pelo prefeito). Nesse sentido, é um percurso altamente simbólico, em que a vontade popular se afirma como lei de baixo para cima.

Criando as condições para a educação domiciliar

Uma vez tomada a decisão, é preciso considerar a realidade da família que pretende iniciar a educação domiciliar. Normalmente um dos pais deve estar disposto a ficar em casa pelo menos durante meio período, e a casa deve ser preparada para os estudos, com um espaço adequado, boa iluminação, sem muitas distrações etc. A rotina familiar precisa incluir tempo, espaço e condições para o estudo diário.

É recomendável pesquisar bastante antes de planejar os estudos. Vários livros podem auxiliar nessa etapa, como *Homeschooling católico*,[17] *Ensinando o Trivium*,[18] *A mente bem treinada*,[19] *Blueprint homeschooling*,[20] entre outros.

É oportuno, também, conhecer famílias que praticam a modalidade, para ter um parâmetro de como funciona, na realidade, desde que não se copiem métodos e rotinas sem levar em conta a especificidade de cada família e criança: é melhor adaptar o projeto ao estudante do que o estudante ao projeto. Vale a pena, ainda,

---

16 André Borges Uliano, "Para entender melhor a questão veja Municípios podem (e devem!) regulamentar o ensino domiciliar", em *Gazeta do Povo*. Disponível em: https://www.gazetadopovo.com.br/instituto-politeia/municipios-podem-e-devem-regulamentar-o-ensino-domiciliar/.
17 Mary Kay Clark, *Homeschooling católico*. Curitiba: Concreta, 2017.
18 Harvey e Laurie Bluedorn, *Ensinando o Trivium*, vol. i e ii. Brasília: Editora Monergismo, 2016–2018.
19 Susan Bauer e Jessie Wise, *A mente bem treinada*. Curitiba: Klasiká Liber, 2019.
20 Amy Knepper, *Blueprint homeschooling*. Ventura: Park Day Publishing, 2016.

CAPÍTULO IX

inserir-se em grupos de apoio, de estudos, de troca de materiais e experiências, que existem em grande profusão nas mídias sociais.

A partir dessa pesquisa, e da definição do tipo de formação que se quer dar aos filhos, é possível estabelecer um projeto que norteará a escolha dos materiais — como livros, recursos tecnológicos, mapas, globo, atlas, dicionários, enciclopédias etc. — e as atividades fora de casa, como práticas esportivas, cursos, visitas a museus e bibliotecas etc.

É importante organizar a rotina da família — de modo a tornar funcionais tanto o estudo quanto as atividades domésticas — e manter a disponibilidade de aperfeiçoar os próprios conhecimentos. Deve-se preparar um lugar para o estudo, de modo que se saiba exatamente onde vai ocorrer, com fácil acesso aos materiais de uso diário. É melhor evitar ambientes barulhentos ou com movimentação de pessoas, a menos que a rotina esteja de tal forma organizada que nos momentos de estudo o lugar esteja arrumado e silencioso.

Uma boa maneira de iniciar a preparação para o *homeschooling* é estruturar o estudo dos filhos, mesmo se ainda estiverem na escola, o que resultará, sem dúvida, na melhora do desempenho. Pesquisas comprovam uma relação direta entre a estruturação e o acompanhamento dos pais nas tarefas escolares, e o bom desempenho acadêmico. Nos Estados Unidos, esses estudantes têm uma pontuação acima da média nos testes,[21] (semelhante à dos *homeschoolers*).

O envolvimento dos pais resulta num bom entendimento do material, no provimento de regras claras, em orientação, previsibilidade, resposta às dúvidas e o devido *feedback*, quando necessário. Melhores resultados são alcançados quando há amor e respeito, e quando a autoridade dos pais e a autonomia da criança são levadas em consideração. A criança adquire, assim, o sentido da autoridade — que não se confunde com controle ou autoritarismo, que geram alunos passivos e desinteressados.

De modo geral, podem ser distinguidos quatro tipos de pais: os autoritários, que dão ordens estritas, com pouco espaço para questionamento ou discordância, sem calor emocional; os que

---

21 ACT (*American College Testing*), prova usada para admissão em *colleges* nos Estados Unidos.

têm autoridade, com expectativas e conseqüências bem definidas, mas com espaço para o diálogo e às vezes para o compromisso, com abundante calor emocional; os permissivos, com controle ou expectativas mínimos, com abundante calor emocional; e os desinteressados, que demonstram poucas expectativas e agem com pouco calor emocional.[22]

A capacidade de liderar e conceder autonomia parece estar mais relacionada aos pais de tipo intermediário. De um modo geral, alunos *homeschoolers* costumam apresentar alto índice de motivação intrínseca e uma maior firmeza nas suas posições.

Definido o projeto, escolhidos os materiais, organizado o ambiente de estudo e a rotina da casa, é importante montar um cronograma de estudos e documentar as atividades realizadas, de modo a acompanhar o progresso do estudante e, na eventualidade de um processo, apresentar ao poder público, de modo a comprovar que não há abandono intelectual.

O papel da mãe na educação domiciliar

É a mãe que, geralmente, conduz as atividades no *homeschooling*. Em relação à média da população, ela costuma ser mais bem-educada, mais propensa à prática religiosa, e com um matrimônio mais estável.[23] Para muitas mães, a adesão ao *homeschooling* é como o cumprimento de um mandamento, uma forma de colocar-se a serviço dos filhos, em que elas deixam emprego e independência financeira para entrar numa empreitada que apresenta riscos inclusive do ponto de vista legal.

Algumas mães procuram empregos em tempo parcial, ou com horário mais flexível. Podem, assim, dar vazão à inclinação a uma maternidade mais plena e conciliar a aspiração à vida doméstica tradicional com o *status* de educadora, escapando do dualismo que divide a mulher contemporânea.

---

22 Milton Gaither (org.), *The Wiley Handbook of Home Education*. Chichester: Wiley, 2017, p. 142.
23 Klein e Poplin (2008). "Families Home Schooling in a Virtual Charter School System". Disponível em https://www.researchgate.net/publication/248920595_Families_Home_Schooling_in_a_Virtual_Charter_School_System.

CAPÍTULO IX

A conseqüência, contudo, pode ser a sobrecarga de trabalho, numa rotina dividida entre as tarefas domésticas, a educação dos filhos e, ocasionalmente, um emprego de meio período. O estresse físico e psicológico pode ser incrementado pela insegurança a respeito da capacidade de ensinar assuntos específicos, como matemática e ciências, pelo medo de falhar na missão educadora e pela cobrança do meio social em torno, que geralmente questiona a opção pelo *homeschooling*.

As famílias educadoras costumam ter mais filhos do que a média. Nesse caso, a mãe tem de cuidar de crianças de várias idades ao mesmo tempo, e de gerenciar um conjunto de atividades domésticas, educativas e de harmonização da convivência familiar. São as mães que, normalmente, planejam e executam as atividades diárias, organizam a agenda e mantêm as crianças motivadas, de forma a garantir tanto um ambiente doméstico funcional quanto uma rotina de estudos adequada.

Para fazer frente a esses desafios, costumam intensificar o nível de organização da casa, retirando tudo o que é supérfluo, adquirindo máquinas que facilitem os trabalhos e incluindo as crianças, de maneira gradual, nas atividades de organização da casa. O número de brinquedos não pode ser excessivo ao ponto de dificultar a arrumação, e o acesso a eles costuma ser controlado. Horário e ambientes de refeição são mais definidos, para evitar o desperdício de tempo com a arrumação da casa.

Em muitos casos, as mães preparam um cardápio semanal e congelam pratos para usar ao longo da semana. Quando a carga de trabalhos, por eventuais contratempos, se torna mais pesada, costuma-se priorizar as atividades do *homeschooling* e flexibilizar os horários de estudos.[24]

O outro fator de estresse é que as mães sentem mais as cobranças e os questionamentos acerca da opção pelo *homeschooling*, ouvem comentários negativos entre familiares, amigos e estranhos, e se sentem compelidas a justificar a sua escolha.

É importante considerar todos esses fatores antes de escolher o *homeschooling*, porque é uma escolha que irá transformar a vida familiar. A mãe será a professora, a coordenadora pedagógica, a diretora e a zeladora, e por isso deve sentir-se confortável com o

---

24 Milton Gaither, op. cit., p. 199.

projeto educativo escolhido, sabendo-se capaz de dar conta do conteúdo. Por isso, é fundamental evitar precipitações e preparar--se bem antes de adotar técnicas educativas mais exigentes, como a educação clássica.

As mães *homeschoolers* têm, na *internet* e nas redes sociais, um poderoso aliado que permite fazer amizades, comunicar-se com outras mães, trocar experiências e materiais, fazer cursos e encontrar conteúdos para a prática da educação domiciliar.

X | Abordagens educativas

O aprendizado pela descoberta

Este é um método em que o estudante é encorajado a explorar o seu ambiente, com pouco ensino estruturado pelo professor/pai. Defensores da idéia, como John Holt,[1] argumentam que o aprendizado por descoberta permite maior fruição e está impregnado de sentido, evitando a acumulação mecânica e desinteressada que ocorre nas escolas, que não é relevante nem útil e, por isso, não permanece. Só aprendemos o que realmente queremos saber, o que a nossa curiosidade persegue: tudo o mais é descartado pela mente, que não retém aquilo que não considera importante, para desobstruir a atividade da inteligência.

É, em última análise, uma distinção já feita por Ortega y Gasset: o estudante, quando conduzido por uma obrigação curricular externa, está numa posição diametralmente oposta à dos criadores de conhecimento que, por um interesse interno e vital, descobriram os conhecimentos que se tornaram propriedade comum da humanidade. Nesse último caso, já não é mais estudante, mas

---

1 John Holt e Patrick Farenga, *Ensine do seu jeito*. Campinas: Kírion, 2017.

CAPÍTULO X

estudioso, e a passagem do primeiro para o segundo estado é o critério mais seguro para aferir o sucesso da educação.

A história pessoal do educador John Taylor Gatto é um bom exemplo desse tipo de abordagem: depois de trinta anos em sala de aula, tendo uma carreira premiada, decidiu adotar um método individualizado em que, partindo dos interesses da criança, procura introduzi-la no mundo do conhecimento formal em tudo o que esteja relacionado àquele assunto. Se um aluno só pensa em *baseball*, então o educador irá explorar tudo o que está envolvido com o jogo, chegando à química pelo estudo dos materiais usados, à física pelo estudo do movimento, à sociologia pelas circunstâncias sociais que envolvem a prática e sua exploração midiática.

Trata-se, contudo, de uma arte em que tanto a personalidade do aluno como a do professor devem ser levadas em consideração na busca de uma situação de aprendizagem favorável.

Há, contudo, habilidades essenciais, como a leitura, a escrita e o cálculo, que devem ser adquiridas por treino metódico e são a base para a desenvoltura da mente no futuro. Na infância, a efetividade do aprendizado por descoberta pode variar muito em função da dificuldade das tarefas e das habilidades do aprendiz. Certos conteúdos, que envolvem informações factuais, são mais facilmente adquiridos do que habilidades como a leitura, o cálculo ou tarefas complexas como a programação de computadores.

Tanto o treino metódico quanto a aprendizagem por descoberta são importantes, e é difícil, senão impossível, fornecer uma fórmula pronta de como dosar as duas abordagens. Cabe ao educador, na situação concreta, procurar o melhor caminho a seguir.

Educação clássica

Uma das vantagens da educação domiciliar é permitir a exploração de possibilidades abandonadas ou desconhecidas da maioria dos educadores atuais, como a educação clássica — usada com sucesso, durante vários séculos, antes do advento da escola massificada.

Não há um modelo definido do que seja a educação clássica e dificilmente encontraremos alguma tentativa de restaurá-la inteiramente. Trata-se, em resumo, de uma técnica educativa cujo fundamento é o *Trivium*, usado desde a Antigüidade como uma introdução à educação. Corresponde a três vias de introdução aos estudos da linguagem, ou três artes (no sentido de "técnica"): a arte da gramática, a arte da retórica e a arte da lógica. A primeira dá ênfase à palavra escrita; a segunda, à falada; e a terceira, à pensada. O objetivo é ensinar a pensar bem, ler bem, escrever bem e falar bem.

Não se trata de disciplinas, tal como as entendemos hoje, mas de algo semelhante ao que conhecemos por "estudos das humanidades": as obras literárias e históricas eram estudadas na gramática, com ênfase no estudo de obras poéticas, que são as obras lingüisticamente mais elaboradas.

Todas essas obras eram consideradas como literárias, no sentido amplo do termo — as principais obras escritas na língua. Daí que as várias tentativas de retomar a educação clássica, como as de Mortimer Adler[2] e Dorothy Sayers,[3] dêem grande importância à leitura dos clássicos: a Bíblia, poemas, romances, obras históricas, filosóficas e científicas que marcaram a civilização ocidental e constituem, por assim dizer, pontos de referências que norteiam o nosso pensamento.

O uso de literatura imaginativa (ficção, poesia) é de extrema importância, uma vez que a imaginação é o fundamento do edifício racional e, portanto, da edificação da inteligência. O pensamento não acessa as coisas diretamente na realidade, mas por meio das imagens retidas na memória: é a combinação, a organização e a elaboração do mundo imaginativo que constitui a meditação racional.

A inteligência humana é constituída de tal forma que não é possível desenvolver adequadamente seus estágios superiores sem ter colocado, antes, os fundamentos apropriados. O enriquecimento imaginativo dá maiores possibilidades ao pensamento, que é um vagar de imagem em imagem. Acima do pensamento está a meditação, que é um esforço da mente em direcionar os pensamentos na direção do fundamento. Uma vez concluída, a meditação pode ser contemplada numa única visão da mente que abarca, do alto, todo

---

2 *A proposta Paidéia*. Brasília: Editora Universidade de Brasília, 1984.
3 "The lost tools of learning", em *A matter of eternity*. Michingan: William B. Eerdmans Publishing Company, 1973.

CAPÍTULO X

o caminho percorrido. As várias contemplações parciais, com o tempo, se somam numa contemplação mais ampla do conjunto do conhecimento.

De um modo geral, a educação formal é iniciada após os dez anos, com a criança já alfabetizada.

Antes são colocados os seus fundamentos: o desenvolvimento da capacidade lingüística, o enriquecimento da memória e da imaginação. O aprendizado da leitura ocorre numa idade não muito bem definida entre os cinco e oito anos, geralmente aos cinco.

Ao contrário do que acontece nas escolas, onde todas as crianças devem, em tese, apresentar o mesmo grau de amadurecimento ao mesmo tempo, há maior liberdade de interromper a alfabetização caso a criança não mostre a maturidade suficiente para tanto — ou seja, se a criança, mesmo com esforço, não retém o aprendido. Nesse caso, recomenda-se esperar por mais alguns meses antes de tentar novamente.

É normal que algumas crianças, especialmente meninos, só se mostrem preparados aos oito anos ou mais, sem que isso indique algum tipo de deficiência ou distúrbio, nem traga prejuízos ao seu desenvolvimento futuro. Crianças que começam mais tarde podem ser tão dotadas para os estudos acadêmicos quanto qualquer outra.

Mesmo as crianças ainda não alfabetizadas podem começar o treino lingüístico com audição de poemas e pequenas histórias, procurando recontar o que ouviram. Podem, assim, familiarizar-se com o registro escrito, aprendendo a entonação mais adequada, ampliando o vocabulário, desenvolvendo a imaginação, treinando a atenção, a memória, a organização dos fatos e a expressão. Estarão, dessa forma, mais preparadas para usar adequadamente a escrita quando forem alfabetizadas. O aprendizado lingüístico com audição de textos literários, memorização e narração oral deve ser freqüente, de preferência diário: a mente, assim, exercita-se, tornando-se mais aguda e forte. Com o passar dos anos, a narração oral vai se transformando em leitura interpretativa, em que o próprio aluno lê e depois interpreta, com especial cuidado com a dicção, a pontuação, entonação etc.

É bom evitar livros didáticos e histórias adaptadas para crianças. Deve-se dar preferência às melhores obras do idioma — ou obras estrangeiras traduzidas por bons escritores — que possam

ABORDAGENS EDUCATIVAS

ser razoavelmente compreendidas, em cada faixa etária. Enquanto os pais lêem em voz alta, as crianças pequenas podem fazer alguma atividade manual, como pintar ou montar *legos*, senão se distraem ou interrompem a leitura.

Nessa fase do aprendizado, que vai aproximadamente até os dez anos, a criança absorve avidamente o que lhe é oferecido. Por isso, é importante ler uma variada gama de boa literatura: biografias, ficção histórica, livros de ciências, geografia, arte, música e história.

A formação do imaginário se dá por todo tipo de experiência a que as crianças têm acesso, mas se enriquece especialmente no contato com boas obras de arte. Por isso, é importante ter acesso a livros de arte, reproduções, visitar museus, ouvir discos de música clássica e concertos, selecionando o melhor para a criança, que ainda não tem condições de escolher por conta própria. Sempre que oportuno, vale a pena iniciar a instrução em um instrumento musical.

O ensino de ciências deve iniciar-se, a exemplo da matemática, com observações e experimentos na realidade concreta, especialmente aqueles que parecerem mais excitantes para as crianças. Sempre que possível, é oportuno prover tempo, ferramentas e oportunidades para observação experimental e exploração, o que pode ser suplementado com atividades de leitura, cópia, desenhos, coleções etc. É aconselhável assinar revistas sobre ciência; fazer visitas a bibliotecas; acampar; organizar coleções de pedras, plantas e insetos; visitar parques, museus, laboratórios, clínicas veterinárias e feiras agropecuárias; adestrar animais e fazer pequenos projetos, como o de foguetes caseiros. Na *internet* há diversos tutoriais que podem ajudar nessas atividades.

Quando as crianças estão desmotivadas, é comum recorrer à televisão ou aos aplicativos com acesso à *internet*. São recursos que podem ser usados, mas não como uma maneira de motivar, pois cria-se uma dependência viciosa e uma passividade extrema da atenção, que se acostuma a ser condicionada pelos estímulos externos.

É melhor, nesse caso, proporcionar atividades físicas estimulantes, ou explorar temas de interesse da criança. Se o menino gosta de armas, pode aprender tudo sobre o tema e tornar-se um

CAPÍTULO X

"especialista". Se a sua vitalidade lhe dificulta a concentração, pode envolver-se em atividades concretas como plantar, criar animais, montar, pescar e caçar; ou ajudar o pai, em atividades de carpintaria, reforma etc., e envolver-se no serviço comunitário, na visita de doentes, de hospitais e asilos. Pode, ainda, enviar cartões e cartas aos parentes, e a se envolver em atividades sociais ligadas à religião.

A divisão das artes do *Trivium* acompanha, de certa forma, a evolução cognitiva da criança. A gramática corresponde à primeira fase de desenvolvimento da inteligência, em que a criança absorve tudo o que pode, sem preocupar-se com a ordenação lógica do aprendido. Nessa fase, o desenvolvimento da imaginação e da capacidade linguística é a regra: a criança amplia sua visão do mundo e a capacidade de expressar-se. O tempo gasto com a matemática, antes dos dez anos, destina-se sobretudo ao desenvolvimento da noção de quantidade, distância e formas de medição na realidade concreta.

Num segundo momento, em geral depois dos dez anos, a criança torna-se questionadora e gosta de encontrar os motivos: está, então, preparada para entrar no aprendizado dos estudos formais. É a etapa da lógica, na qual inicia-se o estudo formal da gramática e da matemática. Mesmo aí é necessário respeitar o tempo e as capacidades da criança: se ela está lutando contra a matemática, diminua o ritmo; se tem facilidade, acelere até atingir o "ponto de desafio". É melhor não forçar nem afrouxar o ritmo, para fazê-la acompanhar as outras crianças.

A etapa seguinte, a retórica, vem depois dos 14 anos, quando o adolescente quer opinar, expressar os próprios desejos e sentimentos e o pode fazer com um certo domínio da expressão (gramática) e da organização do pensamento (lógica).

As partes do *Trivium*, desta forma, apresentam-se mais como um enfoque ou um modo de abordagem do que com uma divisão disciplinar. Todas as artes estão presentes nas três fases, mas uma delas é o elemento dominante que dá forma às demais. Assim, a gramática é ensinada em todas as fases, mas na primeira etapa é a principal, enquanto as demais são auxiliares e subordinadas aos objetivos da gramática, e assim sucessivamente, em cada uma das três fases.

Os estudos metódicos — o puro trabalho acadêmico — não devem ocupar mais de duas ou três horas, nas quais não estão incluídas atividades de exploração e de campo, e leituras em voz alta. Alguns bons guias para organizar a educação domiciliar, segundo esta concepção, são *Ensinando o Trivium*, de Laurie e Havey Bluedorn (cujo segundo volume é um bom passo-a-passo para a aplicação prática), e *A mente bem treinada*, de Susan Bauer.

Conclusão

Normalmente, quando se ataca o *homeschooling* em favor da educação escolar, não há uma confrontação de fatos: são louvadas as virtudes ideais da escola e, em contrapartida, os presumíveis problemas da educação familiar, sem levar em conta a situação real da educação escolar. Contudo, assim como a constatação de que muitas escolas oferecem um péssimo ambiente e uma péssima educação não justifica a proibição da educação escolar, a conjectura de que as famílias poderiam dar uma educação inadequada não torna ilegítima a educação familiar. Seria como proibir que as pessoas dirigissem carros particulares, por causa dos inúmeros — e mortais — acidentes de trânsito: seriam permitidos apenas transportes coletivos.

Muitos defensores da educação escolar não se contentam em promover a sua oferta, e querem proibir os caminhos educativos alternativos, numa defesa intransigente da instrução escolar como única e legítima modalidade de educação. Trata-se de um totalitarismo que tudo pretende submeter ao controle do Estado, que intervém na liberdade do indivíduo não apenas para a sua proteção, mas para obrigá-lo a receber um suposto benefício, muitas vezes contra a sua vontade. A não-execução de um direito não pode constituir uma violação do mesmo, sob pena de pervertê-lo, transformando-o em "obrigação inescapável", a ser instituída à força, por meio de um controle monopolista da educação. Se o governo instituísse uma imprensa estatal obrigatória, estipulando o padrão dos jornais particulares, tal controle seria considerado uma aberração. No entanto, isso ocorre na educação, e de uma forma muito mais grave, porque resulta no controle não apenas da opinião, mas da própria formação da mentalidade de quem emite as opiniões.

Durante muito tempo, a escola foi promovida como uma instituição acima de qualquer questionamento, responsável por promover o progresso e desfazer as superstições do passado, e a simples menção do termo infundia um poder emotivo imune a toda crítica racional. No entanto, a escola é apenas um meio, que só pode ser considerado adequado quando cumpre sua finalidade.

A experiência demonstra, empiricamente, que é possível educar muito bem fora da escola, tanto no passado quanto nos dias de hoje.

Prova de que educação e escola não são sinônimos é a atuação de Sócrates, um dos fundadores da cultura ocidental, que jamais ensinou numa escola. A educação, portanto, não se confunde com o aparato material criado para apoiá-la e é fundamental saber distingui-los. Defender a autonomia da sociedade civil em matéria educativa não significa, contudo, ser contra a escola, a qual pode e deve existir para auxiliar as famílias que não querem ou não podem educar os filhos de maneira independente.

***

Seja numa escola ou no seio de uma família, o aperfeiçoamento humano só é possível numa estrutura de tipo familiar. Para Aristóteles,[1] a família é a origem da sociedade: foram as famílias mais bem-sucedidas que cresceram e se transformaram em cidades. Os criadores de cidades eram considerados promotores da civilização, pois era muito diferente o nível de educação entre os habitantes das cidades e os demais.

---

1 Aristóteles, *Política*. Lisboa: Veja, 1998.

CONCLUSÃO

A família é a estrutura adequada para se ensinar a virtude de um modo mais direto e adequado, porque no seu seio as pessoas importam pelo que são em si mesmas e são, por assim dizer, insubstituíveis. Na família, apesar dos inúmeros e graves problemas que podem surgir e prolongar-se, normalmente se procura o bem do outro e a sua realização plena. É a instituição mais natural, onde podemos ter uma experiência de amor e intimidade, e onde nos refugiamos da exposição pública.

A vida familiar pode degradar-se em muitos sentidos e por isso convém distinguir entre família materialmente a formalmente constituída. Formalmente, é uma instituição onde um homem bom e virtuoso quer transmitir a sabedoria e a virtude, como nos mosteiros medievais, em que o abade (cujo termo significa pai) procurava conduzir os filhos espirituais na busca da virtude e na contemplação da verdade. Os abades permaneciam a vida toda no mesmo mosteiro, e os monges procuravam o mosteiro em que estava o abade a quem eles queriam confiar o seu aperfeiçoamento. Era, portanto, uma relação de tipo pessoal, numa estrutura de tipo familiar.

Com o advento da civilização cristã, a estrutura familiar se projetou na sociedade e criou instituições à sua imagem e semelhança, como as corporações de ofício, em que o trabalhador ingressava e, como numa família laborativa, era protegido das relações de exploração e das adversidades.

Montesquieu, cuja obra está na origem do moderno sistema democrático, considerava que as virtudes cívicas eram o centro da república, com sua origem na família. O sistema educativo dos jesuítas, assim como o sistema de ensino instituído no mundo protestante (o exemplo das colônias americanas é notável), também era destinado a formar o homem virtuoso e literariamente bem formado; ambos preservavam características do modelo formal da família.

São Tomás[2] diz que há duas maneiras de aprender a virtude. A melhor é numa estrutura de tipo familiar, onde um pai sábio conduz o filho dócil que queira aprender. Pode-se, ali, promover a virtude simplesmente pelo conselho. Mas, para quem não é dócil,

---

2   São Tomás de Aquino, *Comentário à Ética a Nicômaco de Aristóteles (I–III)*.

existe a lei, que estabelece uma sanção a quem não obedece, para proteger os demais. Pela lei não se aprende senão de modo limitado e externo. Por isso, quem opta pelo *homeschooling* deve, a todo custo, procurar elevar a família biológica ao nível da família formal, onde pode ter lugar a amizade verdadeira.

Segundo Aristóteles,[3] existem três tipos de amizade: por interesse, por prazer e por virtude. Nos dois primeiros casos, cessados os interesses em comum, acaba a amizade. Muitos matrimônios podem formar-se pela busca do prazer e, quando este cessa ou diminui, acaba a amizade, podendo sobrevir a indiferença ou um verdadeiro ódio.

No matrimônio, contudo, é possível haver as três amizades ao mesmo tempo: por prazer, por interesses comuns e por virtude. Aristóteles[4] considerava a experiência profunda da amizade como a última etapa antes da contemplação, que é a atividade mais elevada da inteligência, e o próprio Cristo elevou o matrimônio a sacramento, imagem da união mística de Cristo com a Igreja. Em geral, os autores místicos consideram o ápice da inteligência como a contemplação da verdade divina, e a representam como uma união entre os amantes.

Isso parece indicar que uma condição necessária para o sucesso da educação domiciliar é a busca da elevação do matrimônio do nível da família biológica para a família formalmente constituída, onde pode consumar-se a verdadeira amizade e onde pode ser gerada a virtude nos filhos.

Nos regimes políticos modernos — sejam liberais, socialistas ou fascistas — a família é invadida e desfeita. As instituições de socialização primária, onde somos importantes como pessoas únicas e insubstituíveis, passam a ser suplantadas pelas instituições de socialização secundária, acarretando uma severa despersonalização dos indivíduos, que se tornam psicologicamente frágeis, sujeitos a desordens psíquicas e facilmente manipuláveis.[5]

3 Op. cit.
4 Op. cit.
5 Numa condição parecida com a estimulação paradoxal descoberta por Pavlov. Ver, a propósito, *A possessão da mente*, de William Sargant, e a discussão das conseqüências políticas em *O jardim das aflições*, de Olavo de Carvalho.

CONCLUSÃO

Com essa base interior inconsistente, o aluno recebe uma instrução que normalmente culmina num curso universitário de caráter profissionalizante. O objetivo é, portanto, a função profissional. Enquanto Aristóteles via na formação do homem adulto — o *spoudaios* — o objetivo normal da educação, na nossa época não vemos essa preocupação tomar forma em nosso sistema educativo. Quando está ingressando na vida adulta, o estudante não é mais preparado para explorar os grandes temas. A cultura geral é vista apenas numa versão puerilizada, na adolescência, e depois há apenas especialização profissional ou acadêmica. A cultura literária, filosófica, científica e religiosa é deixada ao diletantismo e à cultura de massa.

No momento em que a mente está desabrochando para a realidade, deveria ser promovido o exercício balanceado da sensibilidade e das diversas faculdades mentais, para a formação do senso da realidade e da consciência do ser. Mas, em vez de ser preparada para os grandes temas da vida, é desviada para aprender receituários.

Por causa dessa carência educativa grave, de dimensões antropológicas, o *homeschooling* coloca-se como uma alternativa para realizar aquilo que praticamente não é feito em parte alguma e que, em última instância, é o que nos permite ser chamados de homens: a edificação da inteligência.

Dados Internacionais de Catalogação na Publicação (CIP)

Zamboni, Fausto.

A opção pelo homeschooling: guia fácil para entender por que a educação domiciliar se tornou uma necessidade urgente em nossa época / Fausto Zamboni; Campinas, SP: Kírion, 2020.

ISBN 978-65-87404-00-4

1. Educação 2. Educação domiciliar
I. Homeschooling II. Educação domiciliar

CDD 370 / 371-04

Índices para catálogo sistemático:
1. Educação – 370
2. Educação domiciliar – 371-04

Este livro foi composto em SabonLT Std
e impresso pela Ferrari Daiko, São Paulo-SP, Brasil,
nos papéis Chambril Avena 80 gr/m² e cartão triplex 250 gr/m².